待機児童の増加
乳児を抱えて"保活"をする保護者
施設と人の基準を下げ園児を受け入れる自治体
慢性的な保育者不足……。

今、保育に注目が集まり
保育の量と質を改善しようとしています。

しかし、保育の推進だけで
本当によいのでしょうか。

今だからこそ、子育て支援。

赤ちゃんを迎えた保護者が
わが子とほどよい関係をつくり
子育ての主役として輝き
笑顔で子どもを育てられる社会。

親子のスタートを支え
子どもが育つ地域づくりにつなげたいと
子育て支援は、はじまりました。

子どもが育つ、保護者が育つ、地域が育つ
そんな子育て支援の環境を
一緒に考えてみませんか。

子育て支援の環境づくり

高山 静子

エイデル研究所

目次

序章　子育て支援の基礎知識

乳幼児期の子どもが健やかに育つには、こんな環境が必要です …………8

こんな時代だからこそ、すべての親子に子育て支援が必要です ………9
　1／子どもを健やかに育てにくい時代 ……………………………9
　2／親が見よう見まねで子育てしにくい時代 …………………9
　3／親と子が関わりをもちにくい時代 …………………………9

子育て支援は何のため ………………………………………………10
　1／支援は、不要になることを目的に行う ……………………10
　2／子育て支援は生活支援 ……………………………………11
　3／価値観や暮らしを見直す ……………………………………11
　4／子育て支援の目的は、地域全体で子育てを行う社会づくり ……11

未就園の乳幼児親子に向けた子育て支援の種類 ………………12
　1／子育て支援の種類 ……………………………………………12
　2／支援に関わる資源（人、機関、事業など） ………………13

子育て支援の目的と環境づくり ……………………………………14

1章　地域の親子を支援する「子育てひろば」の環境づくり

「子育てひろば」とは ………………………………………………18
　1／「子育てひろば」はこんな場所 ……………………………18
　2／こんな「子育てひろば」がある ……………………………19
　3／「子育てひろば」は何のため？ ……………………………20
　4／ひろばのプログラムはノンプログラム ……………………21

「子育てひろば」の環境づくり ……………………………………23
　1／はじめての人や乳児の保護者が利用しやすいために ……24
　2／誰もが居心地よく過ごせるために …………………………26
　3／赤ちゃんと1〜2歳の子どもが遊び込めるために ………28
　4／親が親として成長できるために ……………………………30
　5／気軽な相談を引き出すために ………………………………32
　6／保護者の交流と情報交換を促すために ……………………32
　7／地域とつなぐ、地域に広げるために ………………………34

「子育てひろば」の事故防止 ……………………………………… 35
　1／乳幼児が発達上行いがちであり、かつ危険な行動とその防止 … 35
　　事故防止チェックリスト …………………………………… 36

「子育てひろば」の空間をつくるプロセス ………………………… 38

「子育てひろば」の人的環境 ……………………………………… 40
　1／スタッフの役割 …………………………………………… 40
　2／スタッフの基本 …………………………………………… 41
　3／スタッフの職務内容 ……………………………………… 42
　4／子育て支援にならない行動 ……………………………… 44

2章　親子関係を支える「一時預かり」の環境づくり

「一時預かり」とは ……………………………………………… 46
　1／「一時預かり」とは何か ………………………………… 46
　2／「一時預かり」の特徴 …………………………………… 46
　3／「一時預かり」は何のため？ …………………………… 47

「一時預かり」の環境づくり …………………………………… 49
　1／保護者が安心して預けられるために ………………… 49
　2／子どもが安心して過ごせるために …………………… 50
　3／子どもが気持ちを切り替えられるために …………… 50
　4／どの年齢の子どもも楽しく過ごせるために ………… 52
　5／ひとり遊びや並行遊びを保障するために …………… 53
　6／事故を防止するために ………………………………… 54

「一時預かり」の人的環境 ……………………………………… 55
　1／スタッフの基本姿勢 …………………………………… 55
　2／保護者とのコミュニケーション ……………………… 56
　3／子どもとのコミュニケーション ……………………… 58
　4／子育て支援にならない行動 …………………………… 60

3章　未就園の子どもが育つ 遊びの素材と道具

未就園の子どもは「自発的な遊び」が学びです …………… 62
　1／環境と関わることによって学ぶ012歳 ……………… 62
　2／012歳の遊びには大人の関わりが必要 ……………… 62

012歳の子どもの遊び ………………………………………… 64
　1／赤ちゃん（新生児〜1歳ごろ）の遊び ………………… 65

2／操作の遊び（1～3歳ごろ） ………………………… 68
3／見立て・つもり遊び（1歳半ごろ～） ………………… 71
4／体を動かす遊び（1～3歳ごろ） ……………………… 74

遊びの素材と道具の選び方 ……………………………… 77
1／子どもの心身の栄養になる玩具選び ………………… 77
2／適切でない玩具は置かない …………………………… 79
3／遊びが生まれるきっかけづくり ……………………… 81

遊びの素材と道具の例 …………………………………… 82
赤ちゃんの遊び …………………………………………… 82
操作の遊び ………………………………………………… 87
見立て・つもり遊び ……………………………………… 91
体を動かす遊び …………………………………………… 95

親と子のための絵本の例 ………………………………… 96

4章　保育所・幼稚園・認定こども園で行う 環境を通した子育て支援

幅広く高度な専門性を求められる保育者 ………………… 98

保育の専門性を活かす環境を通した保護者の支援 ……… 99

質の高い保育の提供が保護者の支援になる ……………… 100

保護者を支援する環境づくり ……………………………… 101
1／保護者からの信頼を得るために ……………………… 101
2／保護者の子ども・子育て理解を促すために ………… 104
3／一緒に子育てをする風土を築くために ……………… 105
4／家庭での子どもとの関わりを支えるために ………… 107
5／仕事と子育ての両立を支えるために ………………… 109
6／保護者の暮らしを豊かにするために ………………… 110

保護者の体験機会の提供 …………………………………… 112

付録　乳幼児が利用する場を設計する際のチェックポイント ……… 114
子育て支援の計画づくり ………………………………… 116
子育て支援が「子育ち」「親育ち」「関係育ち」の機能を果たすためのチェックリスト …… 118
もっと知りたい！ 子育て支援 Q & A …………………… 120

参考資料 …………………………………………………… 124
あとがき …………………………………………………… 126

序章

子育て支援の基礎知識

乳幼児期の子どもが健やかに育つには、こんな環境が必要です

子どもも大人も
豊かな体験が得られる環境

親がわが子の親として
成長できる環境

基本的欲求が
充足できる環境

子どもが多様な人と
自然のなかで育つ環境

こんな時代だからこそ、すべての親子に子育て支援が必要です

子育て支援の基礎知識

1／子どもを健やかに育てにくい時代

子どもは、多様な人と自然のなかで遊びや生活体験を得ながら育つことが必要です。しかし、それらを今の家庭や地域のなかで得ることは難しいものです。

家事の経験が少ない大人が増え、子どもの食事や睡眠などの基本的欲求を充足させることが難しくなっています。家庭では、子どもの発達に不可欠な遊び（運動）と人間関係も不足しがちであり、子どもが家庭で健やかに育つことが難しい時代になっています。

2／親が見よう見まねで子育てしにくい時代

「放っておいても子は育つ」と言われた時代とは違い、地域には子どもを安心して遊ばせる場所も少なく、親は24時間子どもから目を離すことができません。

子育ては学習性の行動ですが、「密室育児」や「孤育て」と呼ばれる、親子が密着した育児では、親は、見よう見まねで子育てをすることが難しいものです。

3／親と子が関わりをもちにくい時代

家庭では、テレビベビーシッターに長時間子守りをされている赤ちゃんがいます。車の中でも、スマホやタブレットが子どもをなだめます。

本来、子どもを育てるという営みは、男性にも女性にも、視野の広がりや新たな生き方を提供し、人間としての成長を促すものです。子育てをきっかけに、社会の問題に気づき、その改善に力を発揮する場合もあります。しかしサービスや商品があふれる今は、子育ての中で得られる充実感を感じにくい時代だといえます。

これらの問題は個々の保護者の努力だけで解決できる問題ではありません。子どもたちを人間と自然の中で育てるには、子育て支援という仕組みが必要です。

子育て支援は何のため

子どもが健やかに育つ

親が親として育つ

様々な関係が育つ

地域が育つ

めざすは、
子どもが育つ
まちづくり

子育てが楽しいと
感じられる
社会づくり

1／ 支援は、不要になることを目的に行う

　子育てひろばを利用した親に友だちができ、毎日公園に行くようになって子育てひろばを利用しなくなれば、支援が届いたと考えられます。

　子育て支援は、子どもが健やかに育つこと、そして親が自信と仲間と力を得て、親自身が子育ての中心になることを目的とします。地域のハードやソフトが、子どもが健やかに育ち、子育てをしやすい環境になれば、子育て支援の場は必要なくなります。

　つまり、支援は不要になるために行うのです。

2 子育て支援は生活支援

　子育ての問題は、しばしば母親の心理的な問題だと考えられがちです。心理の専門家による支援が必要な場合もありますが、睡眠不足や孤独になれば、誰でも心が不安定になります。母親でも父親でも家事の経験が少ない人には、赤ちゃんの世話は負担が大きいでしょう。子育ては生活です。子育て支援では、子どもがいる暮らしがていねいで豊かなものになるように、生活全体を視野に入れる必要があります。

3 価値観や暮らしを見直す

　歩道の広さや公園の有無など、まちの全体が保護者の子育ての行動に影響を与え、子どもの経験を左右しています。歩道の緑も公園も保護者の支援になるのです。

　日本では「放っておいても子は育つ」と言われ、子育て支援が不要な時代がありました。子どもは家のまわりで遊び、人や自然と関わるなどの育ちに必要な経験を得ることができました。しかし今、まちは車のための場所となり、通り過ぎるだけの空間になりました。子どもを育てる環境としてまちが貧しくなると、家庭の差がそのまま子どもの経験格差となります。

　子ども・子育ての問題は、私たちの価値観・暮らし方の問題とも言えます。便利さと快適さを過度に追求し、車中心につくったまちを、子ども・子育ての視点から見直し、誰もが日常で豊かさを感じられる地域社会へと変えることが必要です。

4 子育て支援の目的は、地域全体で子育てを行う社会づくり

　家のまわりに子どもがのびのびと遊ぶ場所があり、人と人が出会うことができるまちであれば、子育てひろばは不要です。保護者が感じる育児負担感の多くは、住宅やまちづくりなどの問題であり、私たちの暮らし方や社会のあり方の問題でもあります。

　支援する側が、このような子育てしにくい社会の問題を親と一緒に考え、ともに解決していこうとする姿勢をもつとき、子育て支援は社会を変えるソーシャルアクションとなります。

　どんな社会をつくりたいのか、何のために支援するのか、目的を明確に意識し、それに合わせた環境をつくり、支援を行うことが大切です。

未就園の乳幼児親子に向けた子育て支援の種類

1 子育て支援の種類

- 乳幼児検診による支援
- ピアサポートなどの グループ支援
- 乳児家庭全戸訪問などの 訪問型の支援
- 市区町村や専門機関が行う 専門相談
- 地域子育て支援拠点などの 居場所や交流の支援
- 家庭教育学級などの 学習型の支援
- 手当・医療費助成などの 経済的な負担の軽減
- 地域・職場・住宅などの 育成環境の充実
- ホームページや冊子などで行う 情報提供の支援
- 一時預かり事業やファミリー・サポート・センターなどの 預かり型の支援

2 ／ 支援に関わる資源（人、機関、事業など）

子育て支援の基礎知識

養育支援訪問

警察官

一時預かり

保育者

子育て支援センター

保育所

子育てサークル

議員

乳幼児家庭全戸訪問

認定こども園

乳児院

図書館

マスコミ関係者

離乳食教室

小児科

小児科医

児童館

助産師

幼稚園

子育てひろば

家庭的保育

トワイライトステイ

臨床心理士

ひとりの子どもを育てるには
村中みんなの力が必要＊

保健師

家庭児童相談室

ファミリー・サポート・センター

里親

冒険遊び場・プレーパーク

児童養護施設

母子家庭就業自立支援

ベビーシッター

公園

児童相談所

家庭教育学級

障害児相談支援

ボランティア

助産施設

障害児施設

ショートステイ

母子生活支援施設

NPO職員

市町村等の子育て情報WEBサイト

児童発達支援センター

子育てブログ

チャイルドライン

子育てタクシー

保健福祉センター

行政職員

民生児童委員

子育て支援団体が行う事業

商業施設の広場や空間

動物園・プールなどの公共施設

＊ヒラリー・ロダム・クリントン著、繁多進・向田久美子 訳
『村中みんなで：子どもから学ぶ教訓』あすなろ書房より

子育て支援の目的と環境づくり

　場があれば、自然に子育て支援になるわけではありません。空間づくりやスタッフの行動と、子育て支援の目的との間に整合性がとれていることが必要です。

　たとえば、指導的なプログラムばかりでは親も子どもも受け身になり、関わりも生まれにくくなります。空間や玩具が悪ければ、どんなに優れたスタッフがいても、落ち着いて相談を受けることができません。また、スタッフが一年で交代する、事務報告を開設時間内に行わなければならないなど運営に問題がある場合には、支援の機能を果たすことは難しくなります。

　空間・玩具・プログラム・スタッフ・運営が、「子育ち」「親育ち」「関係育ち」「地域育ち」につながる内容であるときに、子育て支援は効果を発揮できます。キーワードは、「多様性」「主体性」「自己決定」「自己責任」「関わり」「つながり」です。

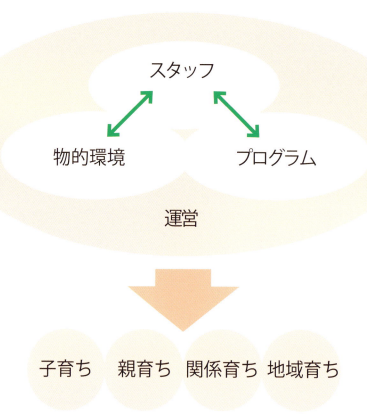

> リビングのような空間

安心できる・くつろげる・関わりが生まれる

子ども
- ふり返ったときに親が見えるため、安心して遊べる
- 目に入る情報が限られ、遊びに集中しやすい
- 他の子や親と関わりが生まれ、適度に取り合いやけんかが起こる

親
- 居場所がある
- 他の親や子どもと自然に会話が生まれやすい
- 他の親子の自然なやりとりや遊び方がよくわかる

NG

遊園地のような空間

騒然・強い刺激・関わりが生まれにくい

子ども
- 遊具の出す情報（形状・音など）に反応して動く非日常の世界
- 乳児は、音や色など受ける刺激が強い

親
- 子どもは遊具が遊んでくれるので、子どもと関わることが少なく、ホッとできる
- 子どもの自然な遊びを知ることができない
- 他の親子の自然なやりとりや遊び方を見ることができない

体育館のような空間

居場所がない・落ち着かない・遊びにくい

子ども
- 空間が広いため、自然に走りまわる
- 他の子どもの遊具や遊びに目移りして、取り合いが起こりやすい
- 遊具が散乱し、じっくりと遊びにくい。行動が粗雑になりやすい
- 子どもが親をふり返っても、どこに親がいるのかわかりにくい
- おとなしい子どもには、居場所がない

親
- 居場所がなく、居心地がよくない
- 安心して見守れず、子どもの後ろをついて歩きがちになる

1章

地域の親子を支援する「子育てひろば」の環境づくり

「子育てひろば」とは

1 / 「子育てひろば」はこんな場所

- 子どもが主体的に遊ぶ
- 子どもたちの笑顔がいっぱい
- わが子も他の子も一緒に育つ
- そこに行けば誰かに会える
- 親と子のちょうどいい距離感が保てる
- 多様で生きた情報を得られる
- くつろいだ気持ちで自由に過ごせる

かつては地域で自然に出会えた　子どもと仲間と生きた情報
それは誰もが必要としています
子育てをはじめたすべての親に必要な支援　それが子育てひろばです

2 こんな「子育てひろば」がある

公共の施設内に開設

城南区子どもプラザ

ひとり暮らしのおばあちゃんちを利用

山東子育て応援団「ばあちゃんち」

古民家を利用（単独施設）

くるみの森

カフェもあるひろば

Ncafe（なごみこども園）

外遊びひろば

ここみ広場

園庭・保育室開放

ながかみ保育園

3 「子育てひろば」は何のため？

子育てひろばは
「子どもが育つ」「親が育つ」「関係や地域が育つ」を支える場所

子どもが育つ
・子どもが主体的な遊びで育つ
・子どもが多様な人と関わりをもつ

親が育つ
・人の日常の子育ての姿を見て学ぶ
・育児力（しつけや遊び）をもつ
・わが子と適切な距離感をもつ
・わが子の専門家として自信をもつ
・情報の選択力・批判力をつける
・広い視野・長期的な視野で子育てをとらえる

地域が育つ
・わが子もよその子も一緒に育ち合う
・地域の人が子育てに関わる
・子どもに関心をもつ人が地域に増える
・子どもが育つ地域（社会）づくりに参画する

大人も子どもも　主体性を高め　社会に参画する市民に
子どもも大人も　日々の暮らしを幸せなものに

4 ひろばのプログラムはノンプログラム

　乳幼児の自発的な遊びは子どもにとって学びです。幼児期には、遊びを中心とした幼児教育を行います。同じように子育て支援のプログラムも、子どもの自発的な遊びを中心とします。自発的な遊びは、自由遊びとは異なるものです。

　ノンプログラムは、自由や放任ではなく、遊びの素材や道具・空間・スタッフなどに十分な配慮があり、環境づくりが行われていて成立するプログラムです。

子どもにとってのノンプログラムの意義

　０１２歳時期は、環境の探索が遊びです。物をさわり、体を動かすことそのものが遊びになります。子どもは物や自然と関わって環境の性質を学び、運動能力や器用さなど環境に合わせて自分を調整する能力を獲得します。

　能力を獲得するためには、くり返すことが必要です。主体的な遊びを中心とした場では、その子どもが発達として求めている遊びをくり返し行うことができます。それにより子どもは充足感を得られ、情緒も安定します。

子どもの遊びと
人間関係を
保障する場

親にとってのノンプログラムの意義

　自発的な遊びを中心とした場では、多様な親子関係や叱り方・ほめ方、子どもの自然な姿を見ることができます。プログラムがないと、わが子だけではなく、他の子や他の保護者と関わる時間も増えます。

　子どもは親から離れて遊びはじめ、親と子の間に距離が生まれ、やりとりが生まれます。子どもの遊びを見守るなかで、子どもには子どもの世界があることを知り、子どもを尊重する気持ちや姿勢が生まれます。

　子どもの自発的な遊びが学びであることを親が知ると、叱責や過干渉の関わりも減り、家庭でも子育てが楽になるでしょう。

親の子ども理解を促す場

親同士の交流と仲間づくりを促す場

遊びやしつけの体験学習を行う場

気軽な相談を促し、育児不安の深刻化を防ぐ場

「子育てひろば」の環境づくり

　環境は、人の気持ちや行動を引き出します。
　子育てひろばの環境づくりは、どのような環境をつくれば、どのような経験ができるのかを想定しながら行います。そこで想定する経験は、楽しいことばかりではありません。大人も子どもも、成長には、とまどうことや苦しいことも必要です。
　次ページ以降では、子育てひろばの7つのねらいと、そのねらいに合わせた環境づくりを解説します。

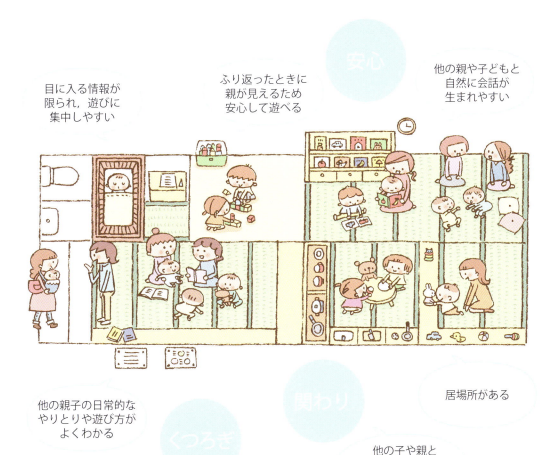

目に入る情報が限られ、遊びに集中しやすい

ふり返ったときに親が見えるため安心して遊べる

他の親や子どもと自然に会話が生まれやすい

他の親子の日常的なやりとりや遊び方がよくわかる

居場所がある

他の子や親と関わりが生まれ適度に取り合いやけんかが起こる

1 はじめての人や乳児の保護者が利用しやすいために

はじめての人を呼び込む工夫をする

転居したばかりの人を呼ぶためには、行政の窓口で手続きの際にチラシを配布してもらうことができます。また、新生児訪問の保健師にもチラシを託します。検診では、ママスタッフが直接チラシを手渡しすることができます。乳児の保護者を呼ぶために、赤ちゃんマッサージ、夜泣きのしゃべり場など、きっかけづくりのプログラムも活用します。

はじめての人を呼ぶためのプログラム

はじめての人が入りやすい工夫をする

はじめての場所に訪れるのは勇気がいるものです。

ホームページやチラシには、引っ越してきた人にわかりやすい交通案内や、中の様子がわかる写真を必ず入れます。はじめての人が入りやすいように、廊下や入り口には案内やメッセージで明るい雰囲気を演出します。また、外から中が見えるように工夫をします。

入り口の前にあたたかなメッセージが並ぶ

空間の説明があると安心できる

24

赤ちゃんとその保護者が安心していられる空間をつくる

　乳児期によい親子関係をつくることが子どもの基本的信頼感の形成を助け、生涯の人間関係の土台となります。

　子育て支援では、最も利用してほしい赤ちゃんとその保護者向けの空間を最も広くつくります。畳や優しい色合いの床に、ベビー布団やマットなどを置いて、あおむけで遊ぶ時期の赤ちゃんを下ろせるようにします。

　子どもが走りまわるにぎやかな空間をつくると、赤ちゃんを連れた保護者の居場所がなくなります。

畳は赤ちゃん連れが利用しやすい

あおむけで遊ぶ赤ちゃんの居場所づくり

はじめての人の居場所をつくる

　引っ越してきたばかりであったり、育児不安が強かったりなど、子育て支援を最も利用してほしい人にとって居心地のよい空間をつくります。

　グループができている場には、誰でも入りにくいものです。ひとりでも、掲示板のコーナーや育児やレジャーの雑誌など保護者向けの雑誌のコーナーがあると、慣れるまでの居場所となります。

　気持ちが落ち込んでいるときにもそこにいられる、おだやかな空間をつくります。

絵本と大人向けの情報が並ぶ

掲示板もはじめての人の居場所

2 　誰もが居心地よく過ごせるために

居場所のある空間をつくる

　体育館のような空間では、どうしても子どもたちは走りまわります。すると、赤ちゃんやおとなしい子どもには、居場所がなくなります。また、ガランとした空間だと、グループ以外の人は居心地が悪いものです。

男性も祖父母も居心地のよい、シンプルな空間をつくる

　子どもが過ごす場所だからといって、動物や花柄、キャラクターなどかわいらしい色柄の壁紙や棚を使うと、落ち着きません。

　派手な色や飾りが少ない場では、子どもは遊びに集中できます。シンプルでナチュラルな空間では、大人も、もう一軒の自分の家のようにおだやかな気持ちで過ごせます。

シンプルでナチュラルと感じられる空間

大人の居心地を高める

　子どもを見守りながらおしゃべりがはずむ、大人用のソファもあるとよいでしょう。妊婦や授乳中の保護者のために、クッションやひざかけなどを用意します。夜泣きで睡眠不足の保護者のためには、大人用の毛布も必要です。観葉植物やセンスのよい飾りがあれば、居心地はますますよくなるでしょう。

狭い空間はひとりでいたい人の居場所

地域の親子を支援する「子育てひろば」の環境づくり

ソファは大人の居場所

クッションや布で会議室もあたたかい雰囲気に

大勢が集まる場での音環境をつくる

　乳児や不安の強い保護者に合わせて、音環境も配慮します。
　大勢の親子が一緒に過ごす場は、声や音などが家庭よりも過剰になります。そのため、吸音性の高い素材や吸音材などを使って音の反響を防止します。にぎやかなBGMを流し、スタッフが大声でおしゃべりをしていると、活発な幼児や元気な人が利用する場になり、本当に支援を必要としている保護者は、利用しづらくなります。

3 ／ 赤ちゃんと1～2歳の子どもが遊び込めるために

満足するまでさわる・探索できる環境をつくる

　０１２歳の子どもは、ずっと手を使いたがり、体を動かしたがっています。動きたい、さわりたいといった欲求を満足できる環境をつくります。ひとり遊びが中心の時期のため、同じものを複数準備します。

　０１２歳の子どもには、自分が満足するまで何度もくり返し試行錯誤できることが重要です。０１２歳の発達には、集団遊びや、子どもがしている遊びを中断させるプログラムは適しません。

発達に合った環境をつくる

　新しい場に入ることに不安を感じる子どももいます。入り口付近には子どもの目をひく玩具や絵本を置き、入りやすくします。室内空間は、赤ちゃんの空間、操作遊びの空間、見立て・つもり遊びの空間、体を動かす空間と分け、棚でゆるやかに区切り、遊びのきっかけをつくるように玩具を棚に並べます。０～１歳は秩序を壊すこと、１～２歳は物を持ち歩くことが遊びになる時期ですから、床に玩具が散らばります。大人は子どもの様子を見ながら適度に秩序をつくります。

　歩行が安定し、手にした物を口へ入れなくなれば、室内より外遊びが中心になります。外遊びの場がある広場では、保護者が赤ちゃんを下ろし、座って上の子を見守る場があると、２歳以上の子どもが満足するまで遊べます。

大人に見守られて安心して遊ぶ環境をつくる

　０１２歳の子どもは親に見守られることで安心して遊びます。子どもが保護者をふり向いて共感を求めたときにやりとりができるような空間をつくります。各空間には、保護者の居場所を想定します。

　大人が遊びの空間に入ることが多いため、保育室のコーナーよりも広めの空間づくりを行います。それぞれの空間が狭いと、ひとり遊びや並行遊びが中心の１歳や２歳では、けんかが過剰に生まれます。

＊子どもの遊びと玩具については、
　３章でくわしく説明します。

地域の親子を支援する「子育てひろば」の環境づくり

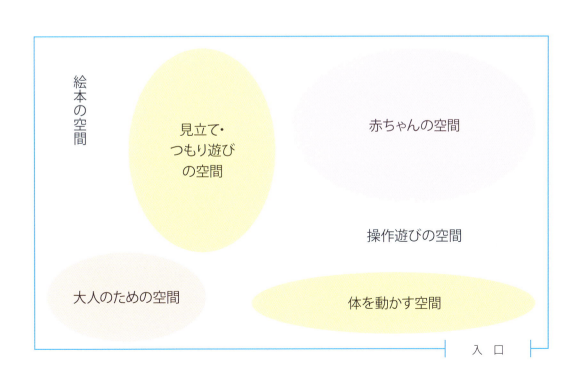

絵本の空間　／　見立て・つもり遊びの空間　／　赤ちゃんの空間　／　操作遊びの空間　／　大人のための空間　／　体を動かす空間　／　入口

4 親が親として成長できるために

子どもの姿がよく見え、子どもの理解がすすむ環境をつくる

ひろばがあっても、親子が密着した「親子カプセル」だらけでは、家庭や公園と同じです。ひろばでは、他の家族から来た子どもと関わる斜めの関係を促します。

赤ちゃんは床に下ろし、1～2歳の子どもは、親をふり返りながら遊べる空間をつくります。適度な距離感をもって、多様な子どもたちのなかでわが子を見ることで、わが子の理解もすすみます。

わが子にも他の子にも関わる

親と子のちょうどいい関係を育む環境をつくる

乳幼児期は、親子関係のはじまりです。スタッフは、表情の乏しい赤ちゃんを見つけてはあやし、親をふり返らずに遊んでいる子どもと関わりをもちます。子どもと大人の多様な関わりを、親が自然に見聞きできるようにします。

玩具も応答性が高いものを選び、子どもが物と大人とのやりとりをくり返す姿を見ることができるようにします。

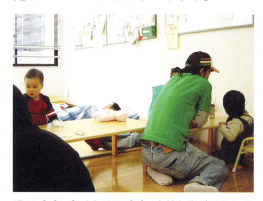
眠るパパに食べさせるパパ。自然な姿が見られる

子どもがふり返ったときに親とやりとりが生まれることが大切

しつけを学べる環境をつくる

　多様な親子の関わりを見ることができる、日常的な空間をつくります。食事の場があると、多様な食べさせ方を見聞きできます。お昼寝ができる空間があると、寝かしつけの仕方を見ることができます。

　人は、見たことがないことや知らないことはできません。赤ちゃんの親が利用しやすい場をつくり、子どものなだめ方や言い聞かせの仕方など、しつけの方法を見聞きできるようにします。

食事の空間では育児情報の交換が盛ん

他の保護者の関わり方が育児モデルに

暮らしが変わる環境をつくる

　保護者が子育てひろばを利用しても、家では夜更かしをさせ、外遊びをさせず、テレビベビーシッターに子守りを長時間させているようであれば、子育て支援の意味がありません。

　保護者は、知ることで行動が変わります。子どもへのていねいな関わりが子どもの脳を育てることを知った保護者は、子どもに注目して言葉を使おうとします。

　子育てに不可欠な食事・睡眠・運動・関わりなどに関する情報を、お便りや情報コーナーで自然に見聞きできるように環境をつくります。また、情報を批判的に見て子育て情報を主体的に選択できるようになるためにも、多様な人がいる場で一緒に情報を見ることが効果的です。

5 気軽な相談を引き出すために

　体育館や遊園地のように、親が子どもの後ろをついて歩かないといけない場では、相談は生まれません。まずは、おだやかな空間を整えます。

　相談しやすいおだやかな雰囲気をもったスタッフが、常にひろばのなかにいることで、相談の機能を果たすことができます。スタッフはひとりで来ている人のそばにいたり、子どもに声をかけたりすることで相談のきっかけをつくります。気軽な相談は、近い年齢の子どもの保護者に声をかけて、一緒に考えることができます。

6 保護者の交流と情報交換を促すために

大人同士のおしゃべりを促す空間をつくる

　子育て中の親同士のおしゃべりは、育児相談でもあり、情報交換でもあり、学習でもあります。おしゃべりは、不安やストレスの解消法でもあり、心理支援ともなります。保護者同士のおしゃべりの重要性を知り、聞き役に徹するスタッフがいることも環境づくりです。

　プログラムを行う場合も、保護者同士が自己紹介をし、その後のおしゃべりがはずむきっかけづくりを行うようにします。

遊具の置き方で交流が生まれる

親同士のよい関係が生まれるきっかけをつくる

　子どもを見ながらお茶を一緒に飲んだり一緒に食事をしたりする場があると、親同士がうちとけあい、話がはずむきっかけとなります。

　また、幼稚園や保育園のパンフレットを入れたファイルなど話題のきっかけになるものを置き、地域の子育て情報交換ボードを設けることで、交流は盛んになります。

　ワークショップのイベントをしなくても、スタッフが交流を促すファシリテーターとしての姿勢をもっていると、日常の場がグループワークになります。

一軒家の台所では交流がはずむ

幼稚園や保育園の情報を集めた手作りファイルは話題のきっかけに

7 地域とつなぐ、地域に広げるために

みんなで一緒に子育てをする場をつくる

支援の目的は、わが子も他の子も同様に健やかに育ってほしいと願う保護者が増えることです。

「子どもから目を離さないでください！」という掲示は、そこが誰かの管理する場であることを示します。受付に座って見下ろしている人がいれば、自分たちは利用者であると感じます。サービスを与えられる場では、人はサービスの受け手になります。

ひろばに飾られたあたたかいメッセージ

「みんなで一緒に子育てをする場」「みんなでみんなの子どもを見守りましょう」と掲示され、他の子どもや他の親と関わることが推奨される場では、親は自分の子どもだけではなく、他の子どもにも関心をもつようになります。

パンフレットにも「みんなで子育て」

スタッフではなく親が読み聞かせする

貢献できる、活動できる環境をつくる

利用者が貢献できる機会や場をつくります。「ママ・パパスタッフ」や「ちょこっとボランティア」などの仕組みをつくると、参加もしやすくなります。

まちづくりの問題や、検診で困ったことなど利用者の声を掲示板で示します。また市長へのハガキや意見募集に関する情報提供などを行えば、保護者は子育て中の当事者であることの強みを実感することができます。

つながりや関わりを深め、力づけられた保護者は、就園以降も主体性を発揮できるでしょう。

ママスタッフも子連れで会議に参加

「子育てひろば」の事故防止

　乳幼児期には、発達上必要であるために、どの子どもも行いがちな行動があります。それらは予測できるため、環境づくりによって事故を防止できます。また、事故防止には、スタッフによる継続的な対策が必要です。

1　乳幼児が発達上行いがちであり、かつ危険な行動とその防止

- 4か月～1歳ごろ　　手にしたものをなめる、口へ入れる
→ 安全な材質、塗料のものを選ぶ。作る

- 10か月～1歳3か月ごろ　　手にしたものを後ろに投げる、落とす、振りまわす、長いものやひものついたものは振りまわし、丸いものは投げる
→ 長いものやひものついたもの、丸いものは、やわらかいものを選ぶ

- 1歳ごろ～　　高いところを見つけるとのぼる
→ のぼる高さの棚にはものを置き、遊ぶ場所にする

- 1歳半ごろ～　　物を持って歩く
→ 細長い物は置かない

- 1歳半～2歳ごろ　　他の子どもを押す、たたく、かみつく
→ 空間は混み合わないようにつくる。玩具は同じものを複数準備する

- 2歳ごろ～　　広いところでは走りまわる
→ 長い空間や広い空間は、衝突の可能性のある室内にはつくらない

【事故防止チェックリスト】

　このチェックリストは主に子育てひろばを想定していますが、乳幼児の親子を対象とした場やイベントでも活用することができます。

　一時預かりの場合には大人の手と目が届きにくいため、保育園と同様の事故に関する知識と防止が必要になります。

空間づくり

☐ 設計で危険が予測される箇所を放置せずに事故防止対策を行っている
（本書付録「乳幼児が利用する場を設計する際のチェックポイント」参照）

☐ 出口（避難口）が2か所以上あり、ふさがれていない

☐ 入り口や押し入れの引き戸は、指がはさまらない形状になっているか、はさまらないように防止対策が行われている

☐ キッチン玩具など、指がはさまる形状の物を置いていないか、指がはさまることに対して防止対策が行われている

☐ 窓の周囲に子どもがのぼる高さの棚やソファなどを置いていない

☐ 乳児の空間と2歳以上の子どもの空間をわかりやすくつくり、離している

☐ 乳児の空間に大きな子どもが走り込まないように空間を工夫している

☐ 体育館のように床に区切りがなく、遊具が散乱する空間づくりを行っていない

☐ 体を動かす空間の周囲に、積み木など固い物を置いていない

☐ 転落が起きる可能性のある場所には、マットなどを置いている

☐ 1～2歳児の強い運動と探索の欲求を理解し、動ける空間、探索できる空間をつくっている

☐ 子どもの人数にふさわしい、十分な広さの遊び空間を確保している

玩具などの選択と置き方

☐ コードなど、子どもが引っ張ると落ちてくるような形状の物がない

☐ 誤飲や窒息が起きる大きさや形状の玩具と用品は置いていない

☐ 投げることを誘う丸みのある形状で固い物（木製の野菜やおままごと用品など）を置いていない

☐ 細長く、持ち歩いて転んだときに喉を突く形状の物を置いていない

☐ 1～2歳向けの玩具は、同じ物を複数置いている

☐ 1～2歳向けの玩具は、十分な量を置いている

☐ ミニカーやキャラクター人形など、激しい取り合いになる物は置いていない

☐ 重い玩具や用品を、玩具棚の上段や棚の上に置いていない

プログラムやその他

- [ ] 原色の多用、派手な飾り、音楽が鳴っている、スタッフが大声を出しているなど、子どもにストレスを与える環境づくりを行っていない
- [ ] トイレの薬品や食品が、子どもの手の届くところに置かれていない
- [ ] 食べものが遊びの空間に落ちないように、保護者にも理解を促す説明や掲示がある
- [ ] 荷物置き場とベビーカー置き場は、盗難防止の仕組みがある

スタッフ採用と運営

- [ ] スタッフとボランティアの採用は、一定の審査を行っている
- [ ] ボランティアに対する最低限度の注意事項の説明書がある
- [ ] スタッフが共通認識するための安全チェックリストがある
- [ ] ヒヤリ・ハッとした事例は、日報などで情報を共有している
- [ ] 転落、転倒、衝突、玩具を口に入れた事例には、対策を講じている
- [ ] スタッフは、アレルギーに関する事故防止と対応の知識をもっている
- [ ] スタッフは、誤飲、誤嚥に関する事故防止と対応の知識をもっている
- [ ] スタッフは、乳幼児が食べてはいけない食品を知っている
- [ ] スタッフは、感染症の予防の知識をもっている
- [ ] 嘔吐物や排泄物の適切な処理の方法を決めている
- [ ] 感染症にかかっている人が来た場合の対応を決めている
- [ ] スタッフは避難経路を知っている
- [ ] 警察や消防などへ速やかに連絡する表を目立つところに貼っている
- [ ] 事故が発生した際に、声を出して救急車を呼ぶなどの訓練をしている
- [ ] 避難訓練(火事、地震、不審者侵入)を行っている

スタッフの日常的な行動

- [ ] スタッフは室温や湿度に気を配っている
- [ ] スタッフは空気の質に留意し、換気を行っている
- [ ] 乳児の玩具は洗浄または消毒している
- [ ] 玩具の欠け、はずれなどを常にチェックしている
- [ ] 床に散らばった玩具は、子どもが転ばないように片づけている
- [ ] 乳児の空間に持ち込まれた1～2歳児向けの玩具は、片づけている

地域の親子を支援する「子育てひろば」の環境づくり

「子育てひろば」の空間をつくるプロセス

❶ 入り口の位置、造りつけの家具から、人の動線を確認する

❻ それぞれの空間の雰囲気に合った畳やじゅうたんを敷き、わかりやすくゾーン化する

❼ 走ることが予測される場所に、机、家具、枠などを置く

❾ 子ども、保護者の様子を見て、親子の両面から安全を確認し修正する

❽ のぼる、入り込む、留まる（隅や枠）などを配置する

② 最も人の出入りが少なく落ち着く場所に家具を置き、赤ちゃんの空間とする。空間は広くとる

③ 赤ちゃんの空間の近くには、操作遊び（手を使う静かな遊び）の空間や絵本の空間などをつくるために家具を置き、静かな遊びの場を設定する。空間は狭くてもよい。椅子や1人用じゅうたんを置いてひとり遊びの場を確保することもできる

④ 赤ちゃんの空間から離れ、入り口から近いところに、体を大きく動かしたい子ども向けの遊具などを置く

⑤ 余る場所に、見立て・つもり遊びのための空間を広く配置する

⑩ ベースとなる壁や家具、じゅうたんなどは無地で色が抑えられているものを選び、玩具を配置して、視覚の刺激量を確認する

After

⑪ 保護者向けの資料や掲示などを配置する

地域の子育てを支援する「子育てひろば」の環境づくり

「子育てひろば」の人的環境

1 スタッフの役割

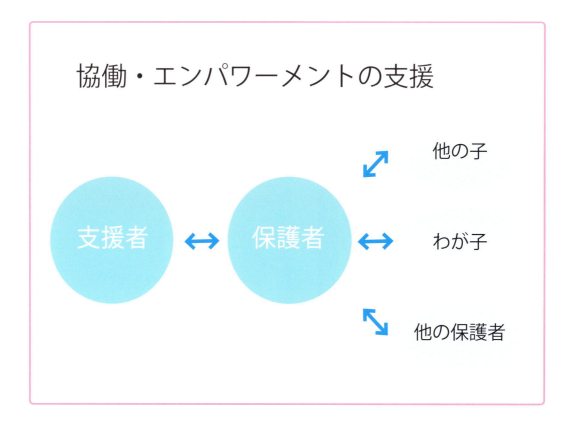

　子育てひろばは、「地域のみんなで子どもを育てていこう」という意識の発信地です。
　ひろばで、自分や子どもが大切にされる経験をし、「自分の子どもだけが幸せになることはありえないことだ」「わが子も他の子どもも、大事な子だ」と心から理解できた保護者は、他の利用者に対して自分ができることをしようとします。スタッフはあたたかな場をつくり、保護者自身がもつ力の発揮を助けます。

2 スタッフの基本

- 清潔で、相手に好印象を与える服装をする。
- あたたかく迎える。自分から相手に挨拶をし、自己紹介をする。
- 親しみやすい雰囲気で場にいる。基本の表情は笑顔。
- 視線の高さは、できるだけ相手に合わせる。
- 気軽な相談を大切に受け止め、相手の話をよく聞く。
- 相手の気持ちを想像し、受容的な対応をする。
- 肯定的で、相手にわかりやすい話し方をする。

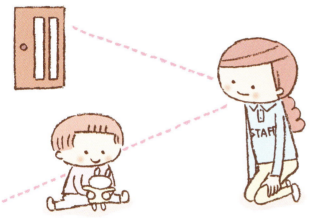

- 入り口が見える位置、全体を見渡せる位置に座る。
- スタッフが数人いる場合は、できるだけ離れて座る。
- 1人の子どもと遊んでいても、全体に目を配るようにする。

- 人との適切な距離感を保つ。
- 話しかけるときには、斜め前、あるいは横から。
- 相手によって、距離や言葉づかいを変える。

3 スタッフの職務内容

❶ 利用者がいるとき

あたたかい雰囲気づくり
・来場した人にあたたかく笑顔で声をかける。
・はじめての人には、ていねいに説明をする。

みんなでみんなの子どもを育てる雰囲気づくり
・「みんな、お互い様だから」「私も子育て中にはたくさんの人に助けてもらったから」「子育てはじゅんばんだから」「ここはみんなでみんなの子どもを育てる場所」「大勢大人がいるのだからみんなで見ればいい」と、くり返し書き、貼り、口にする。

人と人をつなぐ関係づくり
・ひとりで居場所がなさそうにしている人には、そばで子どもと遊んだり、話しかけたりして、居場所になるように配慮する。他の人とつなげる。
・相談を受けたときには、「〇〇さんはどうしてた？」と他の人とつなげる。

相談を受ける
・常にひろば内にいて、相談がありそうな保護者に声をかける。
・話を聞き、十分に引き出す。アドバイスを求めているときには、人や情報につなげる。
・相談は内容別の表に件数のみをチェックする。保護者がいる時間に記録は行わない。

場を整える
・床に転がる玩具は棚にきれいに並べる。赤ちゃんの周囲に固い玩具が移動しているときには、元にもどす。
・食事コーナーを出す、片づける。

子育ち・親育ちを支える
・子どもと適度に関わって遊ぶ。赤ちゃんをあやす。

❷ 利用者がいないとき

運営・報告のための事務作業
- 利用者がいる時間は、相談を受けることを優先し、事務作業は終了後に行う。
- 相談の内容と件数を記録する。相談の内容別に件数がわかる表などを用意して、その日にあった相談件数を集計する（気軽な相談も含めること）。深刻な相談内容は、別に詳細を記録する。
- 企画、運営、人事に関する事務作業。

環境を整える
- 環境整備は、開始前と終了後、週末、月末などに分けて書いて仕組み化する。
- 掃除の際に見つけた危険な小物などは共有化する。

広報
- 3か月検診でパンフレットを配布する、小児科や産婦人科にチラシを置いてもらう、回覧板でお便りを配布してもらう、子どもがいそうなマンションにチラシを配布するなど、最も来てほしい人にアプローチする。
- ママ・パパスタッフ、ボランティアの力を借りる。

育児情報の収集と作成
- 保育所、幼稚園、小児科、サークルなどの育児情報を集める。この仕事は、ママ・パパスタッフやボランティアが最も得意。

関係機関、人との連携
- 利用者に窓口を転々とさせることないように、職員や専門職にひろばに出向いてもらう。そのためには日ごろから直接出向いて関係をつくる。
- 関係機関に関連する改善案を積極的に提案する。

会議や研修に参加する
- 会議と研修もスタッフの職務。できる限り、すべてのスタッフが会議や研修に参加して、スキルアップや情報共有を行えるようにする。
- 研修内容は全員に報告し、共有化する。

4 子育て支援にならない行動

- 事務室などにいる時間が多く、親子のそばにいない。
- 受付に座る、あるいは立って、親子を見下ろしている。
- 声が大きい、動きが雑、場の中を走る、人の前を横切る、利用者に背中を向けておもちゃを片づけるなど周囲に居心地の悪さを感じさせる。

- 口角の下がったこわい表情で、周囲に不安を与える。
- 相談以外で1人の人とばかり関わっている。
- スタッフ同士が時間内に集まって、おしゃべりや利用者の話をする。

- 利用者を差別する。
- 場で得た個人情報を、共有する必要がない人と共有する。
- 記録や名簿などを放置し、守秘義務に配慮がない。
- 虐待の可能性を見聞きしても、通告しない。

2章

親子関係を支える「一時預かり」の環境づくり

「一時預かり」とは

1 「一時預かり」とは何か

　一時預かりは、一時的に家庭で養育が困難な子どもを一時的に預かり、保育を行うことを指します。

　一時預かりには、保育所や幼稚園、子育てひろばなどで行われる補助金によって運営される「一時預かり事業」と、イベントなどの際に、会議室などを使って臨時に設けられる「一時預かり」がありますが、本書は両方を含んでいます。

　待機児童の増加にともない、保育所での一時預かり事業は、就労のために同じ子どもがくり返し利用することが増えています。子育てひろばや幼稚園などでも、一時預かり事業が行われています。

2 「一時預かり」の特徴

　一時預かりは、保育所や幼稚園の保育とは異なる、以下のような特徴があります。
・０歳～就学前まで、発達や活動内容の違う異年齢の子どもがともに過ごす。
・利用する子どもの数と年齢構成が、日や時間によって異なる。
・定期的な利用の子どもとはじめて利用する子どもが混じる。
・はじめての場で、情緒が不安定な子どもが利用する。
・イベントでの一時預かりの場合、会議室など、部屋が子ども向けにはつくられていない場合もある。

3 「一時預かり」は何のため？

　保護者が安心して子どもを預けられ、お迎えにきたときに子どもが「あ〜おもしろかった」という一時預かりは、確かな子育て支援になります。充実した一時預かりは、子どもの健やかな育ちへの効果、保護者支援の効果、親子関係調整の効果、地域で子どもを育てる意識づくりの効果などが考えられます。

　一時預かりには、具体的には以下のような意義があります。

保護者の支援として

・子どもを預かることによって保護者の負担が軽減する。
・子どもと離れる時間をもつことで保護者が精神的安定を得る。
・保護者が子どもの育ちを発見する。
・保護者が自分の子ども以外の子どもを知る。
・地域のなかに頼れるところができた安心感を得る。
・保護者自身の人間関係が広がる。
・保護者自身の生活経験が広がる。

子どもの支援として

・両親以外の大人と関わる。
・保護者以外にも信頼できる大人ができる。
・他の子どもと関わることで、
　家庭では体験しにくい子ども同士の世界をもつ。

> 子どもの育ちには多様な人との関わりが必要

大学生から絵本を読んでもらう

他の子どもとの関わり

「一時預かり」の環境づくり

　一時預かりの環境づくりには、日常の保育とは異なる配慮が必要です。
　延長保育のような、乳児と幼児が混じることを前提とした物的環境に加えて、場に不慣れな子どもに合わせた環境が必要です。とくに、はじめての子どもは行動が予測できないため、深刻事故を予防する視点も重要です。
　子どもと保護者が充実した時間を過ごせる環境づくりには、次のようなポイントがあります。

1　保護者が安心して預けられるために

子どもを大切に考えていることを伝える

　一時預かりを利用する保護者は、不安や罪悪感をもちながら利用する場合もあります。保護者が不安を感じていると、子どもも離れにくくなることがあります。申込書に子どもの好きな遊びや玩具、眠るときの習慣、スタッフにとくに伝えておきたいことの枠があるだけでも、「子どもを大切に考えている」ことが保護者に伝わります。
　ホームページや入り口などに、室内や保育内容などの情報をできるだけ多く開示することで、保護者の安心感は高まります。

信頼が得られる環境をつくる

　まるでガラクタのように玩具が詰め込まれた箱が置いてあるビニールタイルの部屋で、キャラクターの目立つエプロンをつけた保育者に、安心して子どもを預けられる保護者は少ないでしょう。一時預かりの場であっても、玩具や絵本、空間づくり、保育者の服装やふるまいなどに、専門性が見えるようにしましょう。

2 子どもが安心して過ごせるために

子どもが落ち着いていられる居場所をつくる

分離不安（親から離れることに対する不安）は、健やかな発達の証拠です。

はじめて部屋に入ってきた子どもが「ここなら座っていられる」と思えるような落ち着いた居場所をつくります。

子どもは狭いところや隠れられる場所が大好きです。小さな段ボール箱や段ボールで作った枠、小さなマットなども、子どもの安心できる居場所になります。

狭い空間をみつけて遊ぶ

やわらかいものを置く

部屋の隅には、毛布や布、クッションなどやわらかいものを使って、不安な子どもや、眠いけれども眠れない子どもがいられる場所をつくることができます。

狭い空間を意図的につくる

3 子どもが気持ちを切り替えられるために

なじみのある玩具を準備する

乳幼児が保護者と離れると、不安になり泣くことは当然です。この不安を和らげるのは、玩具です。家庭からお気に入りのものを持ってきてもらう、家庭でなじみのある玩具を準備する、その子どもが大好きなものを把握し準備しておくなどができます。

また、自動車が好きという子どもは多いため、自動車の魅力的な絵本や図鑑を複数準備することができます。

情緒が不安定なときにも遊びやすい玩具を準備する

　情緒が安定しているときには、積み木など子どもが創造性を発揮して遊びを生み出す玩具が適しています。

　情緒が不安定で遊べないときには、パズルや塗り絵のように玩具が遊び方を示しているものがあると、遊びをはじめやすくなります。

シンプルなマグネットは、一時預かりにもピッタリ

遊びを指示してくれる玩具

気持ちをひきつける玩具、屋外環境や小動物を準備する

　屋外には、子どもの好奇心をひきつける魅力的なものが多くあり、子どもが気持ちを切り替えやすくなります。とくに小動物などがいる場所は、子どもにとって魅力的です。屋外環境がない場合には、動物の手袋人形などを使って子どもと話をすることができます。

4 どの年齢の子どもも楽しく過ごせるために

乳児と3歳以上の両方に適した魅力的な玩具を選ぶ

泣いている子どもが1人いると、スタッフはその子どもにかかりきりになります。そのため、異年齢でも安全でかつ魅力的な玩具を選ぶ必要があります。水遊び、砂遊びに近い玩具は、どの年齢の子どもにも魅力的です。

水遊び、砂遊びに近い市販の遊具

おもしろいごっこ遊びができるシンボルを準備する

お医者さんごっこやレストランごっこの道具、消防士の制服やお姫様のドレスなど、ごっこ遊びの扮装に使える衣装や物などがあると、4〜5歳児はごっこ遊びをはじめます。4〜5歳児のごっこ遊びは、低年齢の子どもたちにとって、とても魅力的な姿です。

一般的な市販のままごと道具は、形状や大きさが乳幼児に不向きなため、日用品を使って魅力的なごっこ空間をつくります。

何を揃えれば、大きな子どもたちが「すごいね」「かっこいいね」と言われるか、想像してみましょう。

扮装をしたごっこ遊びは幼児ならでは

5 ひとり遊びや並行遊びを保障するために

空間の区切りをつくる

体育館のような区切りのない空間の場合、子どもは走りまわり、大人が注意することが増えます。空間の区切りがないと、玩具が床に散らばり転倒事故も起きやすくなります。フロアマットなどを使って空間をわかりやすく区切ります。

玩具の居場所を明確にする

玩具には1人で遊ぶものと数人で遊ぶもの、机の上で遊ぶものと床で遊ぶものがあります。それぞれの場所を分けて、子どもがじっくり遊べるようにします。大きな箱に入れると、子どもは箱をひっくり返し玩具は床にばらまかれることになります。

1人で、机の上で遊ぶもの	数人で、机の上で遊ぶもの	1人や数人で、床で遊ぶもの

パズルやひも通しなどは、机やマットで1人の空間を確保する

ままごとなどは床に直接置くよりも、テーブルや小さなマットがあるほうがイメージの世界に入り込みやすく、長く楽しむことができる

ブロックや大型積み木、ボールなどは、空間の広さが必要

親子関係を支える「一時預かり」の環境づくり

走りまわらないが、全身を動かせるものを準備する

　常時子どもを預かるためにつくられている保育所とは違い、会議室や狭い一時保育室などの屋内空間の場合は、体を大きく動かす子どもたちがいると、乳児が安心して遊べない状態になります。

　子どもの様子をよく観察し、体を動かしたい様子を見せているときは、全身を動かすけれども走りまわらない遊具で、体を動かせる空間をつくりましょう。

6 事故を防止するために

子どもの行動を止める、子どもを叱るものは最初から置かない

　狭い空間に、屋内すべり台や足けりの自動車、手押し車、紐を引いて歩くプルトーイなどがあれば、スタッフが子どもを注意し、行動を止めることが増えます。子どもの行動を止めなくてはいけないようなものは、最初から置かないようにします。

深刻事故を防止する（おやつと食事）

　誤嚥とアレルギーは命に関わる事故につながります。

　おやつや食事を出す一時預かりでは、内容と提供方法には十分に配慮します。団子など誤嚥しやすい形状のものは、一時預かりでは最初から提供しない方がよいでしょう。ピーナッツや豆類、プチトマトなどは気管に詰まる可能性があるので、乳幼児には提供しません。パンや肉でも、食べさせ方によっては深刻事故につながります。

「一時預かり」の人的環境

1 スタッフの基本姿勢

正規職員でもボランティアでも、必ず守ることが必要な基本姿勢には、以下の3点があります。

❶ 子どもと保護者の人権の尊重

赤ちゃんや幼児をひとりの人間として尊重し、その時間に最善を尽くすことです。また、保護者に対しては、ありのままの保護者を受容し、保護者の批判や陰口は言わないようにします。もちろんSNSで愚痴をつぶやくことも不適切です。

❷ 個人情報を守る

一時預かりでは、子どもを預かるために必要な情報のみを収集し、不必要な情報は収集しないようにします。そこで得た家庭や個人の情報を、他者にはもらさないようにします。預かる際に、必要な情報をスタッフ同士で共有することは守秘義務違反になりませんが、不必要な人に伝えることは、守秘義務違反です。

❸ スタッフ同士の連携・情報の共有

一時預かりは複数のスタッフで行うので、他のスタッフと連携し、自分の役割を考えながら保育を行います。他のスタッフとは、必要な情報を共有します。会議や研修に参加することも職務のひとつです。私的な感情を職務に持ち込んで協力をしないことは、不適切な行動です。

2 保護者とのコミュニケーション

❶ 離れる不安、預ける不安に配慮する

　乳幼児にとって、はじめての場所にいきなり預けられることは非常に高いストレスです。スタッフも、一時預かりの時間中子どもが泣いていると、これが子育て支援になるのかと悩むことがあるでしょう。

　子どもが場に慣れるためには、親子一緒に場に入ってもらうことです。講座の間に一時預かりを行うある団体では、講座がはじまる20分前を親子の集合時間としています。スタッフのリードで、親と子どもが一緒に手遊びなどを楽しみ、お別れの儀式をして親と離れます。このように親が一緒に室内へ入り、親と楽しい体験をすることを一時預かりに組み込むことで、場やスタッフに慣れやすくなります。

❷ あたたかい言葉が、保護者への支援

　スタッフが保護者にかけるあたたかい言葉は、保護者の子育てを支えます。

　受け入れでは、あたたかく迎え、不安を受け止めるようにします。たとえ泣き出しても、「お母さんとよい関係ができている証拠ですね。いい子育てをされていますね」と話すことで安心してもらうことができます。

　お迎えのときにも、できるだけ子どものよい面を伝えます。「ずっと泣いていましたよ」と言われれば、親はつらい気持ちで帰ります。ずっと泣き続けた子どもを抱っこしていたときには、親に愚痴のひとつもいいたくなるかもしれません。しかし、親を感情のはけ口にしてはいけません。スタッフの一言で、子どもは今夜叱られたりほめられたりします。「おやつを食べました。自動車でも時々遊んでいました」と、

できていた部分を話すようにします。

少ししか泣かずによく遊んでいたならば、「このおもちゃが大好きでよく遊んでいましたよ」「○○ちゃんとお友だちになりましたよ」と具体的に話します。

また「集中力がすばらしいですね」「友だちをつくるのが得意ですね」と、そこで発見した子どものよい面を、親に伝えるようにします。一時預かりで子育て支援を行いたいのであれば、ほめ惜しみは不要です。その子のよいところ、保護者のよい面を見つけて大いに伝えます。

スタッフにかけられたあたたかい言葉は、保護者の心をあたため、保護者の子育てを支えるエネルギーとなっていくことでしょう。

❸「一時預かり」での助言

一時預かりでは、子どもや保護者に問題を発見することもありますが、虐待などの緊急を要する場合を除いては、記録に残すにとどめ、継続的に利用してもらえるように関係づくりを行います。

信頼関係が形成され、保護者から相談を受けた場合には、適度な助言を行うことも可能になります。

❹ 完璧な親はいません

子どもを人に預ける親は、子ども以上に不安です。不安なときには何気ない一言が強い印象を与えることがありますから、言葉の選び方には注意が必要です。よくあるトラブルは、忘れものがあった場合などに「えーっ、忘れたんですか。困ります」とぶしつけな言葉で対応してしまうことです。そういう言葉をいいたくなる気持ちはわかります。しかし親の立場も想像してみてください。預けることに不慣れな場合、食事をする暇もなく、子どもを急がせながら必死の思いでたどりついたのかもしれません。朝、子どもを強く叱りすぎて、気もそぞろだったのかもしれません。そうでなくても忘れものは、誰でもしたことがあるのではないでしょうか。

また子どもを預ける親のなかには「これ以上子どもと一緒にいるとどうにかなりそうだ」という追い詰められた状態になっている人もいます。そういう不安定な精神状態のときには、非常識な言動になってしまう場合も往々にしてあります。

そういう不安定な時期ほど、子育て支援を必要としており、支援の意味もあるのではないでしょうか。親の言動に対しては、おおらかにあたたかく受け止めたいものです。

3／子どもとのコミュニケーション

❶ 関係をつくる

　はじめての人とよい関係をつくる方法は、大人でも子どもでも同じです。

　笑顔とやさしい表情は、相手を安心させます。たとえば、上下真っ黒の服は、怖がる子どもがいるかもしれません。よい印象を与える服装を選びます。

　相手が小さな子どもでも、まず自分から自己紹介をしましょう。そして、その子どもの好きなことに関心を向けます。不慣れな場では、子どもはふだんとは違う姿を見せます。乱暴に見えても泣き虫に見えても、それは不安だからこそ。子どものどのような行動も、肯定的に受け止めます。

❷ 不安を安心に変える心遣い

　子どもは、「お母さんがいない」「ここはどこ」「怖い」などと不安な気持ちで泣いています。泣いている子どもに「もう泣かない」と叱りつけてもますます不安になるだけです。

　私たちが不安なとき、どんなことで安心できるでしょうか。歯医者さんに行ったときのことを想像してみてください。歯を抜かれる時に、何も説明されないまま注射をされたら、とても恐ろしいと思います。「今から注射をしますからね」と話してもらえると、私たちは安心します。

　不安なときの言葉は、安心感につながります。言葉がわからない年齢でも、「お母さんはすぐに戻ってくるからね、大丈夫だよ」と話しましょう。

　子どもが泣いていても、玩具を一つひとつ紹介して遊んでみせ、その子どもが関心を向けるものを探してみましょう。「ここにトイレがあるよ」「○○ちゃんはブロックで遊んでいるね」と、場所やそこにいる人についても説明します。

　何も話しかけずにただ抱っこをしているのは、子どもの不安に無関心な行動であり、不適切です。子どもが不安を抱いたままでは、子どもと子育ての支援にはなりません。

❸ 友だちとつなげる

　3歳以上の子どもは、友だちとつながることで、遊びが広がり喜びが増します。子どもは友だちが大好きです。知らない子同士でおままごとをするときなどは、はじめに「○○ちゃんよ」「△△ちゃんよ」と紹介をしましょう。遊びのなかで「○○ちゃんにあげて」など名前を何回も呼ぶと、親近感がわくようです。しばらくスタッフも一緒に遊ぶと、あとは子ども同士で遊ぶことができるでしょう。

❹ 楽しいプログラムを活用する

　一時預かりの時間は、子どもにとって「遊びの時間」です。親のために子どもが我慢をする時間ではなく、子どもが親以外の大人や子どもと出会い、楽しい経験をする時間にしようとスタッフが考え、実際に楽しい時間をつくることで、子どもと子育ての支援になります。

　臨時の一時預かりの場では、十分な遊び環境をつくることができない場合もあります。子どもが「あー、おもしろかった！」と帰るためには、歌をうたったり、体を動かしたり、大型紙芝居など家では見たことがないものを見たり、といった工夫ができます。子どもの年齢や様子に合わせてプログラムを活用しましょう。

　一時預かりのはじまりの時間に楽しいプログラムを入れると、年齢の高い子どもはスムーズに親と離れることができるでしょう。親もまた楽しそうな会場の様子を見て、安心して子どもを預けやすくなります。終わりの時間にも、ちょっとしたプログラムを入れると、子どもたちが「おもしろかった」と満足感をもち帰ることができます。

　一時預かりでプログラムを入れる際の留意点は、緊張させない内容を組むことです。また、参加を強要しないことが大切です。一時預かりでは、子どもに負担をかけないようにしましょう。

4 子育て支援にならない行動

　幼い子どもに対しては、相手が大人なら言わない、しないようなことをしてしまうことがあります。親の半数以上が、3歳の子どもに体罰をします（原田 2006）。一時預かりでも、子どもに対して人権侵害が行われる可能性が十分にあることを理解しておく必要があります。

　たとえば、子どもの前で親の悪口を言う、その子ども本人のことを言うなど、人として尊重しない態度をとること。体罰まではいかなくても、うでや肩をつかむ、手を引っ張る、説明せずに黙って服を脱がせるなど、大人にはしない乱暴な行動をすること。「ほんとによく泣くね」「もう泣きやみなさい」など、感情をそのまま子どもにぶつけること。スタッフにこのような言動があった場合には、気づいた人が注意をして、見てみぬふりをしないことが大切です。

　また、保護者に対して「○○ちゃん、ずっと泣いていましたよ」「ふだん外へ連れて行っていないのではないですか」のように、自分の大変さや困り感を保護者へぶつける行動は、子育て支援にはなりません。ボランティアでも、これらの行動はしてはいけないこととして事前に説明する必要があります。

一時預かりを利用した保護者の声

預けていた時間、子どもがどんなふうに過ごしていたかはとても気になります。でもなかなか聞けないので、「とてもおりこうさんだったよ」とか「お友だちと遊んでいましたよ」と言われるととてもうれしいです。

預ける前に、親が子どもを説得する間、見守ってくれ、子どもが納得したらタイミングよく遊びに誘ってくれました。

保育中の様子を笑顔で教えてくださったとき、泣いていたとしても「ちゃんと見ていてくれたんだ」とわかって、ほっとします。

講座の受付をしている最中に、子どもをさらうように抱き上げて連れて行き、「ちょっと待ってください。子どもに『行ってきます』を言いたいんです」と頼んでも、「子どもが泣くから気づかれないように出て行ってください」と言われました。

「この子、ずーっと泣いてたよ。お母さん、日ごろよく遊んであげていないんじゃない？もっといろんなところに連れ出して人とふれ合わせなければだめじゃない」と、お迎えに行ったときに一方的に叱られました……。

『ちょっと気になる一時保育の現状』NPO事業サポートセンター
『子育て広場環境づくり実践ハンドブック』2003 より抜粋

3章

未就園の子どもが育つ
遊びの素材と道具

未就園の子どもは「自発的な遊び」が学びです

1 環境と関わることによって学ぶ012歳

　012歳は、動きまわって、周囲のものを何でもさわって関わりをもつことによって、脳のシステムをつくる時期です。しかしこの最も重要な時期に、今、多くの子どもたちが、体を動かす時間や手を使う時間を奪われています。

　012歳の子どもは、自分が今獲得しようとする能力を遊びとしてくり返し行います。たとえば、高いところにのぼる能力を獲得しようとする子どもは、しきりに高いところにのぼります。手指の機能が発達する時期の子どもは、物を引っ張り出したり、壁紙をはがしたりします。環境の性質を学習するために、テーブルから物を落とし、扉を開け閉めします。人間関係の能力を身につけるために、親にまとわりついて、関わりを求めます。

　しかし大人は、このような行動の意味を考えずに、ただイタズラをしていると捉えてしまいます。そして、目に見えて何かができるようになることをさせがちす。

　大人に強制される遊びや、一斉に行い、くり返しができない遊びは、012歳の子どもの健やかな発達にはつながりません。012歳の子どもは、じっくりくり返し環境と関わることで、様々な力を身につけていきます。

2 012歳の遊びには大人の関わりが必要

　子どもの学びには、大人も必要です。子どもが環境とやりとりをすることを見守り、子どもが驚いたり、興味をもったりして大人の顔を見たときに、言葉で応答することが大切です。このような子どもと環境と大人の三項関係が、子どもの学びを支えていきます。

　子どもの前で積み木を積んでみせ、子どもが倒したときに「倒れたね」と言って、また積み木を積んでみせます。1歳前後の子どもは、このやりとりを10回以上、くり返しても飽きません。

　また1歳ごろの子どもは、「ちょうだい」「どうぞ」などの玩具を介した大人との

やりとりを好みます。０１２歳の子どもには、やりとりとくり返しを共にする大人が必要です。

挑戦中です

物質の性質を探求中です

どの子もそれぞれに遊んでいます

手をなめるのもながめるのも遊びです

真剣に遊んでいます。

未就園の子どもが育つ　遊びの素材と道具

012歳の子どもの遊び

　012歳は、体を動かすこと、手を使うこと、人と関わること、それ自体が遊びになります。

　赤ちゃんのときに大人にあやされて人との信頼関係をつくった子どもは、環境に注意を向けるようになり、1歳半ごろから、見立て遊びやつもり遊びをするようになります。

　遊びはその後、分化し、構成遊びやごっこ遊びへと発展していきます。

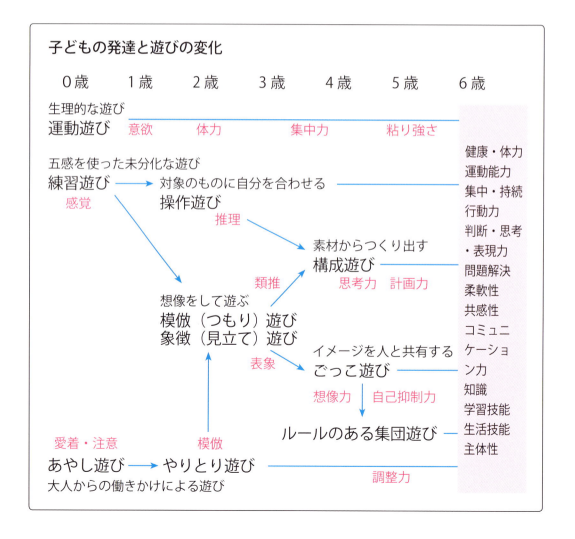

1 赤ちゃん（新生児〜1歳ごろ）の遊び

　0歳児期の遊びは、未分化な遊びです。あおむけの姿勢で全身をバタバタと動かしては、手につかんだものを口に運んで形を確かめます。
　この時期には、物を落としたり積み木を崩したりと、秩序を壊すことが遊びになります。物を投げることも多くありますが、発達に必要な行動です。
　この時期、おすわりや歩行を急がせないことが、とても大切です。

感覚を使う遊び

なめる、見る、さわる、聴く
目で追う、見てなめて確かめる
口に入れて確かめる
感触を味わう

体を動かす遊び

あおむけで手足をバタバタと動かす
さまざまな姿勢をする、腰を中心にしてまわる
後ずさりする、這う、腕を大きく振りまわす、投げる
入ったり出たり、のぼったりおりたり

手を使う遊び

倒す、たたく
バラバラにする
ひっくり返す
振りまわす
落とす、投げる、引っ張る

人と関わる遊び

声を出してまねしてやりとりをする
あやされて声を出す
体を気持ちよくさわられて笑う

未就園の子どもが育つ遊びの素材と道具

赤ちゃんの遊びで学ぶこと

・感覚を使い動く → 脳のシステムを形成

・人との心地よい関わり → 人・環境への基本的信頼の形成
　　→コミュニケーション、目的をもった活動

・目を見つめる心地よい関わり → 注意を向ける力、声に耳を傾
　ける力 → 学習の土台

・見て、さわって、なめて、音を聞いて、見てのくり返し
　　→視覚・聴覚・触覚、身体運動の感覚などの五感の統合
　　→身体・情緒の安定

・全身を動かし、自分の身体を知る→自我の形成

こんな素材と道具を

　　あおむけで手足をバタバタと動かすことができるもの
安心して赤ちゃんを下ろせる畳やマットなど。子どもが注視で
きるスピードでゆれるモビール、やわらかい布など

　うつぶせ、寝返りなど自由に体を動かすことができるもの
赤ちゃんがうつぶせで体を動かしやすい畳など。起き上がりこ
ぼしなど

　這う、のぼる、おりる、くぐる、しゃがむと立つの
　くり返しができるもの
保護者をふり返りながら安心してハイハイができる空間。斜面
板、鏡、段ボールなど

　見る、さわる、なめる、聞く、重さを感じるなど
　全身の感覚をすべて使う遊びを促すもの
顔に当たっても安全なガラガラや転がりにくいボールなど

見てなめて確かめることができるもの
片手で扱うガラガラ、両手で扱うガラガラ、重量の異なるガラ
ガラなど（洗い替えのために複数用意）

　たたく、壊す、振りまわす、ひっくり返すなどができるもの
重ねカップ、布、豆袋、重みのあるお手玉、洗面器など

大人はこんな援助を

・赤ちゃんがあおむけで体をバタバタと動かすことができる赤
　ちゃん向けの空間をつくる

・ママ・パパスタッフなどが、あおむけに赤ちゃんを寝かせる
　モデルを見せる。スタッフは、赤ちゃんと視線を合わせて、
　ていねいなやりとりをする。抱っこでは親子のやりとりが生
　まれず、おすわりでは赤ちゃんは探索ができない。誰かが抱っ
　こをし、おすわりをさせると、他の人もまねをしがちなので、
　あおむけに寝かせる文化をつくる

・赤ちゃんの空間に持ち込まれた固いものや幼児用の玩具は、
　できるだけ元の場所に戻す

・移動できる赤ちゃんは、危険がない限り、その探索を見守る

・どんなに小さくても、赤ちゃんはひとりの人格。むやみに抱
　き上げて移動させることはしない

・赤ちゃんは自分の体調を管理できないので、大人が遊びと昼
　寝・食事のメリハリをつける

2 操作の遊び（1〜3歳ごろ）

　手足をバタバタと大きく動かした赤ちゃんは、次第にものの用途に合わせて手を使うようになっていきます。

　手を使ってものを操作する遊びは、玩具が遊びを誘導してくれるため、どの年齢の子どもにも遊びやすい遊びです。部屋の中で遊びを見つけられない子どもには、まずは簡単なパズルなどをやってみせるとよいでしょう。

振る

落とす

取り出す

入れる

重ねる

通す

並べる

はめる

操作遊びで学ぶこと

・できた！という達成感

・観察する、推論する、試行錯誤することをくり返し体験

・こうすればこうなるという因果関係 → 科学的思考の基礎

・大きさ・重さ・感触・形・固さなど様々な物の性質

・分ける・並べる・順序づけるなど → 論理性の基礎

・目と手の協応・手指の操作性 → 自分はうまくやれるという有能感

・探索欲求の充足による情緒の安定 → 周囲との関係も安定

こんな素材と道具

多様な遊びができるもの
砂、水、泥、草などの素材とバケツやスコップなど

倒したり積み重ねたりがくり返しできるもの
重ねカップ、立方体の積み木など

様々な形に並べたり、バラバラにしたりをくり返せるもの
直方体の積み木、同じ形のものなど

腕を大きく動かすことができるもの
両手で抱えて歩くことができる大きなもの、大きな布、木製の自動車、お手玉、手作りの豆袋、チェーン、（広い場の場合には）後ろに投げても安全な転がりにくいボールなど

つまむ、入れる、出すことができるもの
リグノのような穴が空いているものに入れる玩具、重ねカップのように入れ子になっている玩具、洗濯ばさみのような玩具、持ち手がついている簡単なパズル、円柱差しなど

引っ張る力を調整するもの
マグネットボードとマグネット、ゴムなどで引っ張ることができる玩具、靴下やシュシュ、輪など腕や足を通すもの

まわすことができるもの
ふたのついた容器、野菜の水切りなど

*その他、１～２歳の子どもが操作できるものを。見立てやつもり遊び
　の素材や道具も、手を使う操作遊びとして子どもは使う
*市販の玩具は、口のなかにすっぽりと入ってしまう形があるので、注
　意が必要

大人はこんな援助を

・何度も同じことをくり返し、遊べるようにする

・何かに没頭しているときは静かに見守り、大人をふり返った
　ときに話す

・子どもが大人を求めているときに、やりとりとして言葉を使
　う。「これは何色？」「これは何？」と質問責めにしないよう
　にする

・順番や交代は、１～２歳には難しい。他の子が同じことをし
　たがる場合には、その子にも同じものを渡し、となりで同じ
　ことをして遊べるようにする

・操作の遊びは、他の子にじゃまされずに満足するまで遊べる
　ように配慮する

・バラバラになり、床に散らばった玩具には、子どもは見向き
　もしない。秩序をつくると、また興味をもつので、大人は秩
　序をつくるように意識する

・１歳半ごろまでは、物を持ち歩いては、遊びが転々と移り
　変わるのが特徴。遊んでいない玩具は、元の場所に大人がさ
　りげなく片づける

3　見立て・つもり遊び（1歳半ごろ〜）

　1歳半ごろからものを見立てることが盛んになり、自分が経験したことを再現しようとします。また、家庭でいつも見聞きしていることも再現しようとします。こうした再現のイメージを友だちと共有するようになると「ごっこ遊び」になっていきます。

料理を
つくる

お風呂に
入る

眠る

赤ちゃんに
ミルクを
飲ませる

掃除をする

料理を
食べる

> **見立て・つもり遊びで学ぶこと**
>
> ・1つのものをいくつものものに見立てる想像力 → 柔軟性、応用力の基礎
>
> ・見立てる、つもりになる → 人の気持ちの推測、共感の基礎

・遊びをつくり出す創造力 → 思考力・計画力の基礎

・大人との関わり → 言葉・人間関係能力 → 有能感

・大人の応答による達成感

・家庭や社会生活の練習 → 有能感

・情緒の安定（思い通りにならない日常を遊びを通すことで癒やす）

こんな素材と道具を

　　お料理をつくるまねができるもの
ボウル、なべ、フライ返しやお玉（小型のもの）、トング、しょうゆさし、まな板、包丁（ままごと用）、大きめのお皿、おわん、コップ、中華トング、ふきん、スポンジ、トレイなど

　　料理の具材として使うもの
砂、水、泥、草、チェーンリング、お手玉、市販の具材（ニンジンなど形が完成されておらず、子どもが見立てやすいもの）など

　　世話をするまねをするもの
人形、布、布団、おむつ、おむつカバー、人形の服、抱っこひも、ベッドまたはベッドの代わりになるもの、エプロン、ほ乳瓶、洗面器など

　　生活の再現をするもの
アイロン、洗濯干し、タオルの代わりになる布、掃除道具など

　　扮装などができるもの
スカート、ネクタイ、エプロン、白衣、注射器など

　　様々な場に持ちあるくためのもの
バッグ、紙袋、大小の布、ふろしきなど

家や車などに見立てることができるもの
段ボールで作った仕切り、段ボール箱など

＊混み合わないように、できるだけ広いテーブルを選ぶ
＊流し台は、2人以上が横に並んで遊べるものを選ぶ
＊手をはさむ仕様の扉があるレンジ台や流し台は、子育てひろばや一時
　預かりには不向き
＊市販のままごと用品の多くは、1～2歳児の手の操作に合わない。本
　物や手作りを活用し、子どもが遊び込める大きめのものを使う
＊1～2歳児はひとり遊び、並行遊びの時期。同じものを持ち、同じこ
　とをしたがる。バッグやエプロンなどは、同じもので数を揃える

大人はこんな援助を

・4～5歳の子どもになったつもりで、ごっこ遊びに入って一
　緒に遊んでみる

・子どもに「〇〇してごらん」と指示をせず、大人が本物らし
　く調理するまねをしたり、アイロンをかけたりと、魅力的な
　姿を見せる

・子どもは、お手玉や積み木を料理に見立てる。子どもが料理
　を出したときには、「フーフー」などと言いながら、本物らし
　く食べる

・「赤ちゃんだからゆずってあげて」は理不尽。赤ちゃんがもの
　を欲しがっても、それを先に使っていた子どもを優先する

未就園の子どもが育つ
遊びの素材と道具

4 体を動かす遊び（1〜3歳ごろ）

　歩きはじめたら外遊びが中心になります。とくに走りはじめる年齢からは、狭い室内だけでは運動量が足りません。1〜3歳は、運動によって脳のシステムをつくる時期ですので、身体運動を大人よりも欲しています。1〜3歳の子どもは、活動の欲求が満足できないと、情緒が不安定になりがちです。

　雨が多い地域やその他の事情で外遊びが難しい場合には、多くの子どもが入っても衝突事故が起きずに走りまわることができる、広い室内空間が必要です。

歩く、
ものを持って歩く、
でこぼこを歩く

よじのぼる、
おりる

坂や段差を
のぼる、おりる

しゃがむ、
立ちあがる

大きな物を
運ぶ、持ち歩く

すべる、転がる、
くぐる

走る、とぶ

体を動かす遊びで学ぶこと

・自発性を発揮し、満足するまで同じことをくり返す → 集中力、
　自己抑制

・くり返しによる体力や運動能力の獲得 → 粘り強さ

・自分の身体の感覚を確かに → 安定した自我を確立

・腰、体幹を中心に体を大きく動かす → 手先も器用に

・安定した身体 → 根気強く学習する基礎

・情緒が安定 → 周囲との関係も安定

こんな素材と道具を

　手をついての移動を促すもの
斜面やでこぼこがある築山、大型遊具、段差をつくるための牛
乳パックで作った積み木、でこぼこの場をつくるためのふわふ
わのクッションなど

　大きく腕を動かし全身を使うもの
水遊び、段ボール箱（入る、ひっくり返す）、大きな段ボール
の仕切り（乗る、ひっくり返す）など

　重いものを押す、引っ張ることができるもの
泥をかきまわす、水が入ったボールをひっくり返すなど重いも
のを扱える場、引き箱や段ボール箱、牛乳パックで作った積み
木（いずれも中に何かを入れたりして重くなるようにする）な
ど

　複雑な姿での歩行を促すもの
でこぼこ、段差、ゆるやかな斜面などがある場、それらをつく
ることができる遊具など

＊1～2歳児は椅子を使わないことで、微細な遊びのなかでも、立つ、
　しゃがむ、腕や足を大きく使うことを経験できる
＊狭い室内では、衝突事故を防止するために、走る以外の運動ができる
　ものを選ぶ

大人はこんな援助を

・大きなケガが起きないように環境をつくる

・走りまわるなど、止めないといけない行動が見られるときには、
　環境をつくり直す

・大きなケガにならない限り、子どもを笑顔で見守る

・子どもが「見て」という表情でこちらを見たときに、応答的
　に関わる

・子どもが自分で挑戦しようとすることを見守る。子どもの体
　を抱き上げてのぼらせることやすべらせることはしない。
　「がんばれ」と言うことや、あおることは避ける

＊狭い場所で大人が大声でほめ、興奮させると、子どもが集まり危険
＊「ダメ」「危ない」をつい言ってしまうスタッフは、発達を勉強することで、
　手出し口出しが減る

遊びの素材と道具の選び方

1 ／ 子どもの心身の栄養になる玩具選び

玩具は、子どもの遊びを引き出します。子どもの遊びの質は、子どもの体験の質となります。その体験の質が、認知や身体能力といった子どもの心と体の発達につながります。

食べものには、栄養価の高い食べものと、子どもが喜ぶけれども栄養価は低い食べものがあります。同じように、玩具や絵本にも、心身の栄養価が高いものと低いものがあります。

子育て支援の場では、子どもの健やかな育ちにつながる玩具や絵本を選択したいものです。

❶ 自然物に近い応答性が高いシンプルな玩具を選ぶ

０１２歳の子どもは、環境に何度も働きかけてくり返し試すことで、その反応を見て、環境の性質を理解します。

水や砂などの自然物は、子どもの働きかけに対してとても応答的です。しかし、市販の玩具には、下から上へ動いたりボタンが複雑であったりと、子どもの認識を混乱させるものも少なくありません。

子育て支援では、自然物に近い、子どもの働きかけに応答するシンプルでわかりやすいものを準備します。何度もくり返し働きかけることができる環境があると、子どもはとても集中して遊びます。

❷ ひとり遊びや並行遊びができるようにする

　1〜2歳の子どもたちは、他の子どもが持っているものと同じものを持ちたがります。隣で同じことをして遊ぶことを好むため、様々な種類の人形を選ぶのではなく、同じ人形を複数用意するほうが不必要な取り合いを避けることができます。1〜2歳の子どもに順番を待たせることは、発達上難しく、保護者にもよけいなストレスを与えることになります。

❸ 親子のちょうどよい関係を育む

　たとえば、子育てひろばにボールがあると、子どもが投げるたびに「そっちには投げちゃだめ」と親が注意することになります。親が止めたり過干渉になる玩具は、最初から置かないようにします。

　ひろばでは、トレインカースロープや簡単なパズルのように、保護者が遊びやすく子どもと関わりやすいものを準備します。

　また、重ねカップや小さな積み木のように、大人が積んでみせてそれを子どもが倒すなど、何度も同じくり返しができるようなものを準備すると、スタッフが子どもと何度もやりとりをする様子をみせることができます。

入り口近くの空間には、親子が遊びに入りやすいパズルやトレインカースロープなどが置かれている

❹ 様々な子どもの興味や関心にあったものを選ぶ

　子育て支援を利用する子どもや保護者は、スタッフとは異なる興味・関心をもっています。また子どもたちは、異なる能力をもち、将来、様々な職業につきます。

　ままごととブロックしかない環境では、多様な子どもたちの興味・関心に応えることができません。絵本を選ぶ際にも、スタッフの趣味で選ぶと偏りが生じます。玩具も絵本も、発達に合わせるとともに、多様なものを準備するようにします。

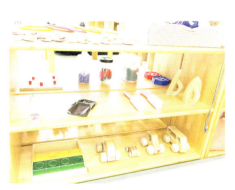

2 適切でない玩具は置かない

キャラクター・ミニカーは激しい取り合いの原因になる

　キャラクター人形は固執する子どもが多く、激しい取り合いの原因になることがあります。

　また、本物の車のようなミニカーや電車は、子どもの所有欲を刺激し、激しい奪い合いの原因になります。子ども同士の取り合いやけんかはあってもよいのですが、

そればかりだと、子どもにとって必要な遊びの経験が不足してしまいます。車の玩具を用意するのであれば、どんな種類の車にも見立てられる白木の車などを揃えるとよいでしょう。

武器の玩具は置かない

　鉄砲、剣、〇〇マンのグッズなど、武器の玩具は戦いのイメージを湧かせます。武器の玩具が用意されていると、他の子どもを攻撃する遊びをするのは当然です。善悪や危険の判断が未熟な子どもに、大人が与えるのは避けましょう。

イライラを高める玩具は置かない

　認識を混乱させたり、イライラを高めるような玩具は置かないようにします。たとえば、子どもの行為に関係なく音を出して動く玩具は、因果関係を混乱させ、注意力の発達を妨げる可能性があります。大きな電子音が鳴るものは、周囲の子どもの注意をひくので置かないようにします。

細長いもの、丸いものはやわらかい素材を

　細長い形のものは子どもから「振り回す」「たたく」という行為を引き出します。丸い形のものは「投げる」という行為を引き出します。2歳未満の乳児や認知の未発達な子どもは、ものの形状などによる情報に反応して行動します。細長いもの、丸いものを置くときには、やわらかい素材のものを準備しましょう。

　市販の乳幼児向け玩具には、木製で固くて丸い形状をしたものが多くあります。木製や手作りが必ずしもよい玩具であるとは限りません。子どもが投げたり飲み込んだりする形状をしていないか、確認して購入しましょう。

3 遊びが生まれるきっかけづくり

　その玩具から生まれる遊びや、玩具同士の組み合わせで生まれる遊びを想像して玩具を配置します。それらの遊びに必要なだけの広さを確保します。

　部屋に入ってきた子どもの目につくところに、絵本や目立つ玩具を置くなどして、入り口から子どもが入っていきやすい雰囲気をつくります。各々の遊具も「おもしろそう」「遊びたい」と思えるように置きましょう。あらかじめテーブルにお皿とスプーンを並べるなどして、遊びが生まれるような環境をつくります。

　バラバラになった玩具は元の位置に戻して、きれいに重ねるなど秩序をつくりましょう。

置く位置の工夫

子どもの目に入り、手に取りやすい位置に

子どもの視線の範囲で選びやすいように

重いものは下に、軽いものは上に

収納の工夫

お人形は寝かせて

片づけるのも遊び

写真を貼って片づけやすく

未就園の子どもが育つ遊びの素材と道具

遊びの素材と道具の例

赤ちゃんの遊び

モビール（手作り）

木の枝と羊毛フェルトのシンプルなモビール。モビールは、赤ちゃんコーナーやオムツ交換台の上などにつける。
室内は赤ちゃんが目で追うことができる静かな揺れのものを選ぶ。オムツ交換台の上は、カラフルで目をひきつけるものを選ぶ。

シフォン

シフォンやシルクの布は、やさしいさわり心地で、向こう側が透けるため、赤ちゃんとの遊びにぴったり。いないいないばあやわらべうた遊びに使ったり、赤ちゃんが自分で持って振りまわしたりして遊ぶ。

おきあがりこぼし

自分がさわると反応する、これをくり返し楽しめるのがおきあがりこぼし。あおむけで体をねじるようになったら、斜め上に置く。うつぶせの時期には手の届く横や斜め前に置く。おすわりができるようになると抱えて遊ぶ。

グラグラオーリー

木製のおきあがりこぼし。押して倒すと、ひも状の手をカチカチ鳴らしながら起き上がる。うつぶせで遊ぶ時期、子どもが手を伸ばすとさわることができる斜め前に置くようにする。ハイハイの時期には、遠くに置いてハイハイを促す。

リングリィリング

まだ手がしっかり開いていない赤ちゃんでも、細いので握りやすいガラガラ。長いガラガラや太いガラガラは顔に当たって泣き出すこともあるが、これは軽量で音もやさしい。ガラガラはなめるため、替え用に2つ以上準備する。

さくらんぼ

木製のガラガラ。手に握ってなめやすい形をしている。振るときれいな音がする。大人が握らせる場合、のどをつかない位置を持たせる。ガラガラは赤ちゃんの手の大きさや持ち方により合うものが異なるので、様々な種類を準備する。

ドリオ

握りやすい形の木製のガラガラ。ボールの部分が口に含みやすい。ボールを1つずつなめて確かめるように遊んだり、振って音を楽しむ。重みがあるので、手で握れるようになった赤ちゃんに手渡しする。

オーボール

軽量で網目状の形が、手が開いていない赤ちゃんにも握りやすい。転がしたり投げたり、跳ねる、追いかけることを楽しむ。隙間から中にものを入れることもできる。中にスカーフを入れて引っ張り出して遊ぶこともできる。

丸スズ

あおむけやうつぶせで遊ぶ時期の子どもに。振ったり転がしたりすると心地よい音がする。子どもが自分で手に持って振ったり、転がしてハイハイで追ったりする。腕を大きく振りまわすころの子どもは、これを投げることがあるので注意が必要。

ギラリースクエア

木製のパーツが丈夫なゴムでつながっており、握ると形が変化する。両手で持てるようになった子どもが、両手で引っ張って形を変えたり輪を移動したりして遊ぶ。

とんねる

手が開いた子どもは、大きな筒の部分を持って遊ぶ。大人が「ガタンゴトン」などと言いながらくぐらせて見せる。両手を使えるようになると、白木の筒の中を赤と緑の円柱をくぐらせては出すことを何度もくり返す。

ニックリクス

両手で持って遊べる玩具。力を入れると形が変わることを体験できる。おすわり以降の子どもは、力いっぱいものを動かすことを好むので、玩具も力を入れられるものを選ぶ。投げたときに寝ている乳児に当たる場所には置かないようにする。

ベビーキューブ

鈴入りの積み木。赤ちゃんが握りやすい大きさで、軽く、振ると色によって異なる音がする。なめて形を確かめるほか、両手でカチカチと打ち合わせて楽しむ。大人も一緒にまねしたい。1歳半が近づくころには、積み上げたりくずしたりのくり返しを楽しむことができる。

缶積み木（手づくり）

粉ミルクの空き缶をフェルトで包んだ積み木。太鼓のように叩いて音を楽しむ。重みをつけたものも作っておくと、歩きはじめたときに抱えて持ち運ぶ。積み木のように積み重ねて遊ぶこともできる。

ドラム玉落とし

逆さにしたり転がしたりすると、玉が動きジャラジャラと音がする。ハイハイで転がしながら追いかけて遊ぶ。両手で持って上下を逆さにすると、カラフルな玉が空間を移動する。大きく腕を動かすことができる。

カラコロール  筒を動かすと、筒の中で木の玉が転がる音がする。最初は大人が転がし、ハイハイの子どもが追いかけて遊ぶ。抱えたりなめたりする。	入れたり出したりを楽しむ容器（手作り）  色のついた容器やプラスチックケースなどに市販の玩具やお手玉などを出し入れして遊ぶ。最初は、大人が入れて出して見せる。大人が入れて子どもが出すやりとりを何回もくり返して遊ぶ。出す方が簡単で、入れる方が難しい。
缶落とし（手作り）  粉ミルクの空き缶に布を貼り、穴からお手玉を落として遊ぶ。缶は、お手玉を入れると音がして達成感がある。透明の容器は中がよく見え、透明でない容器は「いないいないばあ」と同じ楽しみがある。	お手玉（手作り）  布製のお手玉。赤ちゃん用には重みのある大きめのものを作る。ボールよりもつかみやすい。投げたり、ボウルやプラスチックケースに出し入れをして遊ぶ。大人が自分の頭に乗せて「こんにちは」と頭を下げて落として見せると声をたてて笑う。
ペットボトル（手作り）  ペットボトルの中に水を入れビーズや色つきのビニールなどを入れた手作り玩具。音や中に入れた物の動きを見て楽しむ。ままごとではジュースや調味料に見立てて遊ぶ。1〜2歳は重いものの操作を好むので大きいサイズも準備したい。	布のボール（手作り）  布製のやわらかいボールは、小さな手でも持ちやすい。布製は転がりにくく、他の子どもに当たっても安全である。綿を少なめに入れるとつかみやすい。鈴を入れるなど工夫できる。

重ねカップ

入れ子式に重ねたり、積み上げたりできる。転がしてハイハイで追いかけて遊ぶ。大人が2つのカップで「いないいないばあ」をして見せたり、大人が積み上げては子どもが倒すことをくり返したりして遊ぶ。小さなカップは誤飲の可能性があるので、外して使用する。

木製自動車

自動車は、激しい取り合いが起きる玩具のため、同じ色で、同じ形のものを3つ以上準備する。ショベルカーなど特別な自動車は執着しやすく集団の場には不向き。ミニカーや汽車は、家庭で家事の間に使用できるため、ひろばでは使わない。

チェーン

大きめのサイズのチェーンリング。口に入れる年齢の子どもにも安心して与えられる。大人が輪をつなげて子どもの目の前で引っ張り、ハイハイを促している。

トレインカースロープ

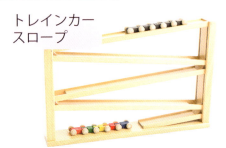

木の車両がカタカタとスロープを降りていく。いつでも同じ動きをすることが心の安定につながる。ひろばでも一時預かりでも入り口近くに置きたい。この遊びをきっかけに、中で遊べる子も多い。自動車はつながっているものを準備。

ニックスロープ

ゆるやかなスロープを様々なパーツがゆっくりと回転しながらおりていく。子どもの心の安定につながる。少し大きい子どもが遊んでいるそばで、ねんねの赤ちゃんがパーツの動きをじっと見ている。

シフォン

布は、操作遊びにも使える。プラスチックケースの中に入れて引き出したり、パスタポットの穴から引き出したりする。何枚か結ぶと、長く引き出すこともできる。

操作の遊び

チェーンリング

20cmほどにつなげ、飲み込めない大きさにする。洗面器やボウルに出し入れする、小さな穴の空いたパスタポットに入れるなど、出し入れの遊びの素材となる。1歳ごろの子どもは、出すときにものが後ろに飛ぶので、床に落ちたものは大人が片づけるようにする。

引っ張る遊び（手作り）

箱にフェルトを貼り、穴からひもを引き出す。腕を大きく動かしたい時期には、力いっぱい引っ張る、重いものを押す動作、引きずる動作を好む。何度もくり返しできるようにする。

マグネット　モザイク

ホワイトボードにカラフルなマグネットのピースを貼って遊ぶ。つけて外すだけの操作遊びとしても、見立て遊びとしても使える。様々なメーカーから出ているが、4センチ以上の大きさと、ある程度の厚さがあるほうが1～2歳児には扱いやすい。ひろばでは、四角と丸のシンプルな形を多く出す。

はめこみパズル

写真はモンテッソーリ教具の乳児用パズル。モンテッソーリ教具は発達に合わせたものが多く、ひろばで使いやすい。パズルは、保護者も遊びやすいので、入り口近くにも、操作遊びの空間とは別に置いておきたい。大人は子どもの試行錯誤を見守り、大人をふり返ったときに応答する。

果物のはめこみパズル

指でつまみ、型にはめて遊ぶパズルには様々な種類がある。2歳は他の子どもと同じことをして遊ぶことを好む時期のため、購入する場合は同じものを2つ購入する。自動車、果物、動物を1つずつよりも、自動車2つ、動物2つなど。

二項式

モンテッソーリの感覚教具のひとつである二項式。箱のなかに入っているものを一つひとつ取り出し、また一つひとつ入れていくことができる、くり返しを楽しめる。大人は箱の色をヒントにして入れる。

テディメモリー

記憶ゲームでは、木製のキーナーメモリーとともにひろばで使いやすい。同じ形の様々なくまがいて、くり返しひっくり返すことを遊びにできる。カゴなどに6枚ずつ入れるとよい。くま2枚で会話をして遊ぶことも。その後、「同じ」「違う」がわかるようになると、記憶ゲームとしても遊べる。

落とし遊び（手作り）

カットしたホースを穴を開けたプラスチックケースに落として遊ぶ。大人がゆっくりとやってみせ、子どもがすることを促す。小さなパーツがあるものは誤飲の可能性があるため、目の行き届くスタッフがいるひろばで使用する。

手指を使う壁面玩具（手作り）

布製で1〜2歳の子どもが手を使うことを促す。はがす、留める、開け閉めするなど様々な要素を入れることができる。木製で手作りをする場合、手をはさむ要素は入れない。

たまっこ

木の玉がゴムでつながっており、ひっかけながら様々な形をつくる。丸い玉の感触が手に心地よく、小さな子はしゃぶって形を確かめることが多いため、小さな部品は外しておくようにする。

ねじあそび

プラスチック製のボルトとナット。ボルトの頭の直径が4.5センチと、小さな子どもにも扱いやすいサイズ。びんのふたの開け閉めやサラダの水切りでも、手首を使う動きができる。

ミニ積み木

入れ子式の美しい箱。積み重ねたり、横に並べたり、中に様々なものを入れたりできる。積み木など他のものと組み合わせても使用する。操作から構造遊びまで使用できる。

シュシュ、腕枕などのゴム製品  両手で引っ張って遊ぶ、腕や足に通して遊ぶなどの使い方をする。手足に入れる大きさのリングの市販品がなくなったため、布製品で代用することが多い。	シグナ  白木の立方体（5センチ角）と円柱の組み合わせ。ひも通しとしても使えるが、ひろばではひもは外し、円柱を立方体の中に出し入れすることを大人とくり返し遊ぶ。円柱がうまく入ると大人の顔を見るので「入ったね」と応答する。
視覚的な動きを楽しむ玩具  ひっくり返すことで手首を動かすことができる。長い時間ながめているなど、視覚的な遊びを強く好む子どもの場合、保護者が関わりの難しさを感じていることもあるので、声をかけるきっかけにもなる。	 布のスティック（手作り） 両端につけたスナップボタンでつなげて遊ぶ。綿の入れ方によって操作のしやすさが変わる。ごっこ遊びのコーナーの具材として使う子どもや、つなげて自分の空間づくりなどをする子どももいる。
布のスティック（手作り）  両端につけたスナップボタンや、マジックテープなどで留めたり外したりして遊ぶ。外す方が簡単。大人がつないで子どもが外し、また大人がつないで子どもが外すことをくり返す。口の中にすっぽりと入らない大きさで作る。	くまのボタンはめ（手作り）  フェルト製のくま。手と手をスナップでつなげられる。はじめは大人がつないで子どもがスナップを外し、また大人がつけることをくり返す。布地を厚くすれば留めやすく、薄く作ると、指先に力を入れないと留めることが難しい。

未就園の子どもが育つ遊びの素材と道具

89

くまのひも通し

カラフルなくまの形のプレートの穴にひもを通して遊ぶ。ひも通しには、転がる素材と、転がらない素材がある。くまにするか、何にするかで活用が変わる。

ひも通しポニー

ひも通しだが、子どもは馬の人形として歩かせたりおしゃべりをさせたりして遊ぶ。2歳以上の子どもは、ひも通しとしても遊べる。木製ビーズのひも通しのように、散らばり誤飲する心配がないので、子育て支援の場では使いやすい。

ロンディ

サイズは小と大があるが、ひろばには「大」がおすすめ。外したりはめたり、何度も同じことをくり返してつないで形をつくることができる。並べたり、ごっこ遊びの具材としても使ったりする。

アイクリップ

洗濯ばさみと同じ遊びを、指をはさまずにできる。シンプルに切った型紙につけたものを外したりつけたり、クリップ同士をつなげて遊ぶこともできる。これに慣れたら、洗濯ばさみや布団ばさみを遊びに使うこともできる。

ネフスピール

デザインが美しく、どのように積んでも並べてもうまくできたという達成感が得られやすい。切り込みがある面同士では、積み木が自分で回転するため、年齢が低くても意外に積みやすい。ひろばでは、半分の量を箱に入れて出すようにする。

リグノ

立方体を積み木として使うと、大きいため達成感を得やすい。円柱を外して、立方体の中に円柱を入れてみせると、子どももそのまねをする。円柱には小さいものがあるので、ひろばでは外すようにする。1～2歳では、4個でも十分に遊べる。半分の量を箱に入れると、2人で一緒に遊びやすい。

見立て・つもり遊び

人形（手作り）

布製の赤ちゃん人形。やわらかく抱きやすい。シンプルな表情は子どもが自分の気持ちを反映できる。箱などに投げ込んだり積み重ねたりせずに、大人が人形をかわいがってみせる。

ジルケ くま・うさぎ

しっかりとした抱き心地の人形。丈夫で綿が堅めに入っているため、1～2歳児が抱いたり寝かしつけたりと、扱いやすい。大きさも1～2歳児にちょうどよい。

ソフトベビー人形

海外の利用者がいる場合には、人形も目の色、肌の色など様々な種類を揃えたい。たとえ言葉ではうまくコミュニケーションできなくても、その利用者に心を配り、歓迎していることを、環境を通して伝えることができる。

なべ

市販のままごと用の鍋は小さく、中に具材が入らないため、子どもは達成感が得られない。そのため長く遊び込むことが難しい。鍋は、大きさがあり安全なものを使用する。日用品を購入する場合は、子どもの手が切れる箇所がないことを確認する。

チェーンリング

20cmほどにつなげ、飲み込めない大きさにする。見立てやつもり遊びの空間では、鍋やボウルに入れたりお皿に並べたりして使う。子どもは、お玉や泡立て器でかきまぜ、しきりに出し入れをする。ままごとコーナーのチェーンリングは、短くなっているものがないか確かめることが必要。

未就園の子どもが育つ 遊びの素材と道具

具材（手作り）

グリーンのフェルトをただ切っただけでもレタスに見立てられる。シンプルな具材があると、様々な料理に見立てやすい。小さなものは口に入れるため、はじめから置かないようにする。

シフォンなどの布類

ごっこ遊びのコーナーでは、シフォンはスカートやスカーフの代わりに使う。木綿の大小の布類があると、人形の布団にしたり、お弁当を包んだり、お風呂で体を洗うまねをしたり、おでかけごっこで敷物の代わりにしたりと、様々な遊びが広がる。布は床ではすべるので、放置された布は片づける。

ブラシ

本物のブラシをままごととして使用。子どもが自分の頭や親の頭にあてて、ブラシをかけるまねをする。購入する際には、柄ができるだけ短いものを選ぶようにする。

アイロン

木製のアイロン。布類にアイロンをかけるまねをする。洗濯ばさみやミニ室内干しなどがあると、遊びが広がる。購入するときには、同じものを2つ以上購入したい。

財布

本物の財布を利用。子どもは、がま口を開けることが難しく親の元に持って行くため、親子の関わりやスタッフとの会話のきっかけとなる。2歳児はロンディ、積み木などをつめ、バッグに入れて持ち運ぶこと自体が楽しい。

バッグ

小さな子どもにも持ちやすい持ち手の短い手提げバッグ。1～2歳は、大きく重いバッグを持ち運ぶことを好む。その際には図鑑や絵本などを入れると重みが出る。

エプロン（手作り）

子どもサイズのエプロンを作る。ままごとに使える。キッチンセットで遊ぶ子どもに、大人がエプロンをつけてあげると、他の子どもも参加したがり、遊びが広がる。

おんぶひも（手作り）

人形が背負える子どもサイズのおんぶひも。市販のものもある。1人の子どもが人形を背負うと、他の子どもも背負いたがるので、ひろばでは同じものを3つ以上は準備したい。

ボウル

チェーンリングを入れたり出したりすることだけを何度も楽しむ子どもが多い。市販のままごと用品と違って大きいため、たっぷりとくり返しを楽しむことができ、達成感を得やすい。

カトラリー

歩きはじめの子どもは長いものを持って歩きたがるので、できるだけ柄の短いものを選ぶ。スプーンは中華スプーンや塗りのスプーンだと、具材をすくいやすい。包丁やお玉は同じものを複数準備する。

ほうき

ほうきや掃除用品は家庭で使用することが減り、子どもが再現遊びをすることが少ないが、ふきんや雑巾、ほうきなどを置いておくと、幼児が来たときにごっこ遊びの幅が広がる。

お医者さんセット

お医者さんは、子どもに強い印象を与えるため、ごっこ遊びが生まれやすい。大人が本物らしく受付をしたり注射をしたりしてみせると、その後まねがはじまる。幼児のために医者の白衣や看護師の帽子なども準備しておく。

おはなし組み木

ずっしりと安定感があり、2歳の子どもが両手に持ってお話をつくって遊びやすい。パズルとしても使える。でこぼこ工房のオリジナル作品で、他に「三びきのやぎのがらがらどん」や「おおきなかぶ」などもある。

お手玉人形（手作り）

大人が子どもの前でお話をつくったり会話をしてみせたり、うたいながら動かしてみせると、その後、子どもが自分でまねをする。小さなテーブルのような場所に置くと、子どもが物語をつくりやすい。

木製動物人形

動物の人形は、ある程度大きさがあり、手指操作が未熟な子どもでもうまく立たせることができるものを選びたい。2歳は積み木だけだと遊びが広がらないが、小さな人形や動物があると積み木遊びが広がりやすい。写真はアルビスブラン社。

英語・中国語・韓国語など海外の絵本

利用者に合わせて、その国の言語で書かれた絵本も準備しておきたい。自分の国のものや言葉が書かれたものがあると安心できる。日本語と外国語の言葉のカードなども準備したい。

体を動かす遊び

牛乳パックの手作り積み木

重いものを持ち運ぶ、段差にのぼる、飛びおりるなど、狭い空間で、様々に体を動かすことができる。大人が重いと感じる程度の重さだと安定感がありよい。市販品では、手作りと同じ重さと大きさの品をMOKUMOKU工房が製作している。

とびとびバランス

大小のカラフルな飛び石。安定感がありすべらずに上を歩ける。置き方を自由に変えられる。大人がジャンプしてみせると子どももジャンプする。0～1歳児は、これらを何度もひっくり返したり投げたりして遊ぶ。飛び石類は、ふだんは出さずに、体をもてあましている幼児がいるときに出すようにする。

アクティビティリング

外径16センチのカラフルなリング。ボールのように転がし合うこともできる。人形などを中に入れて並べたり、足を入れたり、輪を置いて中を歩いたりと様々な遊び方をする。

ビリボ

亀の甲羅のような形のバランスチェア。腕を使ってひっくり返す、頭にかぶる、中に入るなど大きな動きを引き出す。重いものを入れて引いて遊ぶこともできる。子どもを入れて大人が抱き上げることは危険なので避ける。

引き箱（手作り）

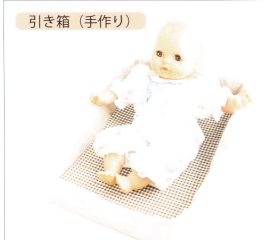

イチゴが4つ入る空き箱に布を貼り短いひもをつける。人形のベッドにしたり、重いものを入れて持ち運んだり、自分が中に入り自動車の代わりにしたりする。木製のプルトーイは、乳児にぶつかると危険なため、別の空間や廊下に準備する。

親と子のための絵本の例

　子育て支援の場では、読み聞かせをする大人の気持ちが穏やかになる絵本や、子どもに歌いあやしかけるきっかけになる絵本を選びます。絵本以外にも、料理やものづくりなど、子どものいる暮らしが充実するきっかけをつくる本を置くとよいでしょう。

親子関係のための絵本

『いないいないばあ』（童心社）　　　　　『あなたはだあれ』（童心社）

『かおかおどんなかお』（こぐま社）　　　『いたいいたいはとんでいけ』（偕成社）

『どうぶつのおやこ』（福音館書店）　　　『おててがでたよ』（福音館書店）

『くっついた』（こぐま社）　　　　　　　『がたんごとんがたんごとん』（福音館書店）

『くだもの』（福音館書店）　　　　　　　『おひさまあはは』（こぐま社）

『おべんとう』（福音館書店）　　　　　　『おにぎり』（福音館書店）

『わたしのワンピース』（こぐま社）　　　『おつきさまこんばんは』（福音館書店）

『もこもこもこ』（文研出版）　　　　　　『たまごのあかちゃん』（福音館書店）

『どろんこどろんこ！』（福音館書店）　　『ぼくのくれよん』（講談社）

『しゅっぱつしんこう！』（福音館書店）　『かじだ、しゅつどう』（福音館書店）

『あがりめさがりめ』（こぐま社）　　　　『いっしょにうたって！』（こぐま社）

『はじめてのおつかい』（福音館書店）　　『はらぺこあおむし』（偕成社）

『ぐりとぐら』（福音館書店）　　　　　　『ぼくはあるいたまっすぐまっすぐ』（ペンギン社）

「動物」「昆虫」「魚」などの図鑑（幼児・小学生のために）

大人の心をあたためる絵本

『ちょっとだけ』（福音館書店）　　　　　『あやちゃんのうまれたひ』（福音館書店）

『ちいさなあなたへ』（主婦の友社）　　　『だいじょうぶだいじょうぶ』（講談社）

『あなたがだいすき』（ポプラ社）　　　　『ラヴ・ユー・フォーエバー』（岩崎書店）

『いっさいはん』（岩崎書店）　　　　　　『おこだでませんように』（小学館）

『生きる』（福音館書店）　　　　　　　　『ママのおなかをえらんできたよ。』（リヨン社）

『冒険図鑑』『工作図鑑』（福音館書店）　『せいかつの図鑑』（小学館）

4章

保育所・幼稚園・認定こども園で行う
環境を通した子育て支援

幅広く高度な専門性を求められる保育者

　現在、保育者には、乳幼児の集団保育、保護者の支援、研究など、幅が広く高度な専門性が求められています。しかし、それは妥当でしょうか。

　保育所には、ひとり親家庭、経済的な困窮家庭、障害や疾患があるなど、福祉ニーズや生活課題を抱えている家庭の子どもが入所しています。子どもは、家庭の事情により十分な養護を得られない場合もあり、質の高い養護を必要としています。保護者もまた、園の支援を必要としています。

　保育所や認定こども園は、幼稚園と同じ幼児教育の機能を果たしています。加えて長時間子どもを保育し、かつ命に関わる事故が起きやすい乳児から集団保育を行っています。同じ園庭での遊びでも、1歳と5歳が混じる場合には、多くの配慮が必要になります。保育者の精神的な緊張時間は、日々長時間です。子どもの安全と健康を守り、健やかな育ちを支えようと心身を使いながら、保護者に対しても心を尽くそうとすると、熱意のある保育者ほどバーンアウトしかねません。

　また保育者は、子どもの保育をしながら毎日送迎時に複数の保護者に対応しなければなりません。

　クラスをもつ保育者が保護者に対して、保護者の話を聞き、個別にていねいな対応をすることが保護者の支援だと考えていると、十分な対応ができないために不全感を感じてしまいかねません。

保育の専門性を活かす
環境を通した保護者の支援

　保育者は、乳幼児の集団保育の専門家であり、心理の専門家ではありません。保育者は、保育の専門性と、園という場を活かした子育て支援を行います。

　保育所や幼稚園の保育者が行う子育て支援は、入園児童のすべての保護者を対象とする予防・育成的な支援です。

　子どもの保育は、環境を通して行います。保育者は、子どもの育ちを支えるために、子どもが環境や人と豊かな関わりをもつことができるように環境を構成し、ときにプログラムを提供し、必要な個別の支援を行っています。

　同様に、保護者に対しても環境を通して、保護者が子育てに必要な情報や体験を得ながら、人との関わりのなかで親として成長する過程を助けることができます。ときにプログラムを提供したり、支援を必要としている保護者に個別の支援を行ったりします。

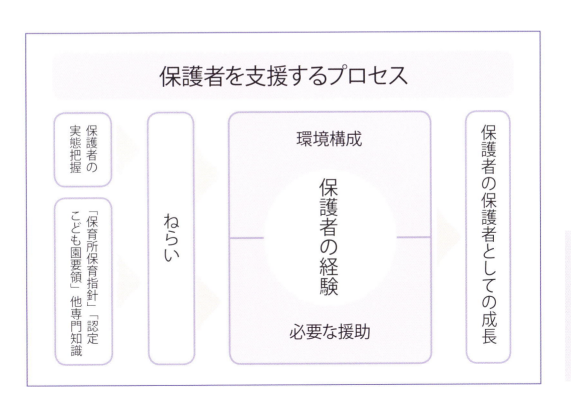

質の高い保育の提供が
保護者の支援になる

　子どもが安心してそこにいられるあたたかな保育環境は、利用する保護者にとっても居心地がよくホッとする空間であり、日々の暮らしを豊かにします。

　専門性に基づいて質の高い保育を行っている園では、保育室に置かれた玩具や絵本が、そのまま家庭のモデルとなります。また、園で見聞きする保育者の関わりは、保護者の関わりのモデルになります。子どもへの質の高い保育を行うことが、そのまま保護者の支援につながります。これを理解すれば、クラスをもつ保育者は、安心して子どもの保育の専門性を高めることに注力でき、保育者に安心と自信をもたらすのではないでしょうか。

保護者が朝夕目にする延長保育の空間（ときわ保育園）

専門性が目に見える園庭
（認定こども園こどものもり）

保護者を支援する
環境づくり

1 ／ 保護者からの信頼を得るために

子どもと保護者を尊重し大切にする環境をつくる

　保育の環境には、子どもや保護者に対する保育者の願いが埋め込まれています。子どもを大切に考えている園は、保育室も園庭も、子どもの発達や興味・関心に合った豊かな環境がつくられています。保護者を大切に考える保育者は、掲示板ひとつにも細やかな心遣いをしています。

　保護者は、そういった保育者の思いを環境から感じ取り、子どもを大切にする保育者に信頼を寄せるようになります。

０歳児クラスは、大きな引き出しに着替えを入れる（船堀中央保育園）

誕生月の子どもの写真が玄関に飾られる
（レイモンド庄中保育園）

専門家としての子どもの文化を提供する

　保護者との信頼関係を築くためには、保育の専門性が目に見える環境づくりが必要です。

　昨今の保護者は幼児教育への期待も高く、わが子のためによく勉強しています。保育室にテレビ絵本などが並べられていると、「子どもの文化を知らない保育者」だという誤解を与えやすくなります。また幼稚な飾りや服装は、「託児」の印象を与えがちです。専門性が低いと誤解を受けてしまうと、保護者の信頼を得ることは難しくなります。

　反対に、専門知識に基づいて絵本や玩具を選べば、保育経験が浅くても、専門性の高い保育者として信頼を得やすくなります。

専門性の高い保育内容は、保護者の目に見える
（陽だまりの丘保育園）

保育者の服装も園の文化
（陽だまりの丘保育園）

保育内容を伝え、信頼関係を形成する

　最近は、写真を使って、今日の遊びや活動の報告をすることが増えました。毎日保護者が見る掲示物は、保護者の子ども理解や子育ての理解につながっていきます。保育者の解説を読むことによって、保護者は子どもを理解するとともに、子どもが健やかに育つために行う保育者の援助についても学びます。

　室内の玩具の意味を一つひとつ保護者に写真で解説している園もあります。行事の際にもプロセスと、子どもにとっての行事の意味を解説します。

　これらは、専門知識がないとできない解説です。保護者はこのような保育者の説明を読みながら、保育の内容を理解し、保育者への信頼を高めていきます。

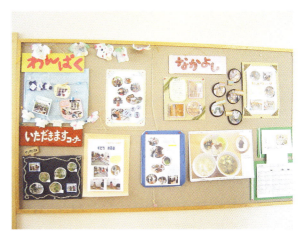

今週の保育を保護者に向けて掲示する
（ながかみ保育園）

掲示物を写真に撮る保護者
（杜ちゃいるど園）

掲示物をファイルし、時々お迎えに来る保護者も知ることができるようにしている
（ながかみ保育園）

103

2 保護者の子ども・子育て理解を促すために

子育てのモデルを見せる

　保育者による子育て支援は、日常的な場面が中心となります。専門性に基づいて、子どもが豊かな遊びや生活の体験ができる室内環境や園庭をつくれば、園の環境がそのまま家庭のモデルとなります。

　保育者が専門性の高い保育を行っていれば、保護者は知らず知らずのうちに子どもを理解し、遊びを知り、家庭の暮らしも豊かになっていきます。環境を構成せずに保育者が遊びを決める、子どもへの指示が多い保育では、保育者体験や園庭開放を行っても、保護者の子育てに関する理解は深まりません。

お迎えのたびに保護者は保育を見る（青葉保育園）

育ちに必要なポイントを理解できる環境をつくる

　子どもの健やかな育ちに必要な食事・睡眠・遊び（運動）に関する情報は、テレビやネットからは得にくいものです。

　夜更かしをさせる保護者に「もっと早く寝かせてください」と直接伝えると、信頼関係を損ねることも少なくありません。保護者の自然な気づきを促すような工夫が必要です。大人向けの図書の貸出コーナーをつくることもひとつの方法です。本の冊数を絞り、遊び場情報など保護者が知りたい情報のなかに、子どもの睡眠や食事に関する本を並べると、保護者が自然に「早寝早起き」などのタイトルを何度も見ることができます。

保護者が知りたい情報と、保育者が知ってほしい情報が並ぶ（城南区子どもプラザ）

3 　一緒に子育てをする風土を築くために

保護者同士の交流を促す空間をつくる

　園内に、保護者のための空間をつくり、保護者同士の交流を促す園があります。玄関に保護者が座るための椅子を設ける園、保護者が利用できる部屋に椅子やテーブルなどを用意する園、「どうぞの椅子」を設けて保護者同士で譲り合いができるようにしている園、また、園にカフェを併設し、保護者のみならず地域の人との交流の場をつくりだしている園など、様々な工夫が行われています。

保護者が座ることができる椅子（認定こども園こどものもり）

保護者が活動できる部屋（ときわ保育園）

園に併設されたカフェ（まちの保育園六本木）

斜めの関係と、視野の拡大を促す環境をつくる

　誕生日の子どもの名前や写真を掲示し、園全体でその子の誕生日を祝う雰囲気をつくっている園があります。また誕生日の印を胸につけることで、他の保護者が「おめでとう」と声をかけるきっかけをつくる園もあります。わが子以外に声をかけ、斜めの関係が盛んになることは、保護者同士が仲よくなるきっかけともなります。

　ある園では、園のシンボル人形を家庭に貸し出して、家庭で人形とともに体験したこと（人形とごはんを食べる様子、公園で遊ぶ様子など）を写真に撮り、廊下に掲示しています。他の家庭の遊びがわかり、他の子どもや保護者への関心が高まるしかけともなっています。また、保護者会の役員の紹介や活動の紹介を写真で掲示している園もあります。

園のシンボルキャラクターを自宅に連れて帰り、展示で共有する（レイモンド庄中保育園）

保育への参加を促す

　子育て支援は、保護者が子育ての主役となり、親としての成長を支援するものです。本来、保護者はわが子の子育ての中心者であり、保育者と保護者は一緒に子どもを育てるパートナーです。園では、働き方や家庭に合わせて保護者が保育に参加できる機会をつくります。そして、思わず参加したくなるような環境をつくります。

　保護者の保育への参加は、保護者が本来もっている力を発揮する機会となり、様々

お父さんの活躍を掲示する
（鳩の森愛の詩瀬谷保育園）

活動が広がるまちのガーデン
（まちの保育園六本木）

な効果を生み出します。たとえば、保護者と一緒に園庭を改善する機会をつくれば、子どもは、園に貢献する父親の「かっこいい姿」にあこがれます。父親が園に関わり育児に積極的になれば、家族の関係もよりよくなると考えられます。子どもや保育への理解も深まるでしょう。

　保護者とともに保育をつくることは、つながりや交流を生み出し、地域全体で子育てをする機運づくりにもなります。

4　家庭での子どもとの関わりを支えるために

新しい育児モデルを提供する

　育児は学習性の行動であり、母親も父親も本能で子育てを行うことはできません。保護者は自分の育ちに影響を受けますが、新しい育児モデルを見ることができれば、あたたかい関わりを獲得することが可能です。

　朝夕、また保育参加で、保護者は保育者の子どもとの関わりを見ます。そこで保育者が、親の育児モデルとなるような関わりを行っていれば、保護者は新しい行動を身につけることができます。保育者が、専門性に基づいた質の高い関わりを行うことが、保護者の支援になります。

園のていねいな生活が保護者のモデル
（ながかみ保育園）

保育者の姿は育児のモデル
（青葉保育園）

家庭で、親子が関わることを促す環境をつくる

　家庭での親子の関わりを豊かにする子育て支援として、絵本の貸出しを行う園が多くあります。また家庭の遊びを豊かにするために、机上ゲームの貸し出しを行う園や、クラスで流行しているあやとりなどの遊び方を書いた紙を置き、保護者が自由に持ち帰れるようにしている園があります。

　園周辺のお散歩マップに、子どもたちが見つけたものを写真で掲示し、親子の会話や休日の散歩を促す園もあります。

　家庭での会話や体験が豊かになってほしいという願いをもって保育者がつくる掲示物は、子育て支援の役割を果たします。

家庭に机上ゲームを貸出しする
（愛恵保育園）

散歩で見つけたものを保護者向けに展示する
（こまつ保育園）

5 仕事と子育ての両立を支えるために

　朝夕、保護者がスムーズに送迎できるように園では様々な工夫を行っています。

　ある園では、きょうだいのいる保護者が複数のクラスで生活表を書かなくてよいように、玄関に全クラスの移動式ロッカーを置き、玄関で生活表の記入と荷物を入れることがすむように工夫しています。駐車場が少ないある園は、保護者がすぐに帰宅できるように、荷物を保育者が準備しまとめています。

　対象の理解に基づいて子どもの保育を行っている園では、保護者に対しても、その働き方や生活力の変化に合わせて不必要な作りものをなくすなど、話し合いながら変化させています。

きょうだいがいても同じ場所で記入できる（子育てセンターなかぜ）

入園する親子が、保育室での生活に慣れる（ながかみ保育園）

保育所・幼稚園・認定こども園で行う環境を通した子育て支援

109

6 ／保護者の暮らしを豊かにするために

保護者をあたたかく迎え送り出す玄関づくり

　保育所の場合、仕事と家事と育児の両立は、ストレスが高いものです。保育所に子どもを送る時間は職場の仕事のはじまりであり、お迎えの時間は家庭の仕事のはじまりの時間です。お迎えに来て座り込んでいる保護者は、園にいる時間だけがホッとできる時間なのかもしれません。

　季節の花を家に飾るゆとりもない子育て中の保護者のために、季節の草花や季節飾りで親子を迎え、保護者があたたかい気持ちで出かけることができるように意図している園もあります。

あたたかな灯りにほっとする（ときわ保育園）

保護者への応援メッセージがいっぱいの玄関
（まちの保育園六本木）

心のこもった季節の花が保護者を迎える
（ながかみ保育園）

安心で心豊かな子育て生活を支える

　保育所や認定こども園は、若年出産や失業、障害など、とくに支援を必要とする保護者が利用します。そのような保護者が「一緒に子育てをしていきましょう」と、園であたたかなまなざしを向けられていれば、大変な時期を乗り越えていくことができます。園が家庭よりもあたたかく美しい場所であれば、毎日子どもを預ける保護者も幸せです。

　保護者が幸せを感じていれば、子どもにもやさしくなれます。しかし自尊心が傷つけられる環境のなかでは、子どもをかわいがることは困難です。とくに支援を必要としている保護者のためにも、保育所、認定こども園の環境は、受容的であり、あたたかさに満ちた環境にする必要があります。

子どものためのあたたかな環境は
保護者もうれしい（こまつ保育園）

保護者への心遣いが感じられる展示
（愛恵保育園）

子どもが喜んで行く園をつくる

　朝、子どもが靴をもって玄関のところで待っているようであれば、保護者は、どんなにうれしいでしょうか。

　子どもが、保育者と園が大好きであることで、保護者は安心して働くことができます。保育者が、子どもとの信頼関係をつくり、保育に力を注ぐことが、保護者の支援にもつながっています。

保護者の体験機会の提供

　保護者の体験を豊かにするには、日々の環境づくりだけではなく、行事などのプログラムも重要です。行事などを「保護者の体験の機会」ととらえて、内容をわずかに工夫するだけでも、子どものための行事が同時に保護者の子育て支援の行事となります。以下はすべて子育て支援になる行動です。

❶ 保育者体験や保育に参加する機会をつくる
❷ 発達に合った保育や行事を見る機会をつくる
❸ 保護者同士が懇談する機会をつくる
❹ 保護者の学習機会をつくる
❺ 懇談・相談の機会をつくる
❻ 保護者が遊具などを製作する機会をつくる
❼ 保護者が保育の素材などを提供する機会をつくる
❽ 保護者会の活動を促す
❾ 保護者から子育ての知恵を募集し共有化を促す
❿ 他の保護者の支援を促す
⓫ お便り・連絡帳などを書く
⓬ 自宅への訪問をする

保護者の大活躍で実現した園庭
（鳩の森愛の詩瀬谷保育園）

付録

乳幼児が利用する場を設計する際のチェックポイント

- [ ] 転倒・転落に配慮する。遊ぶ部屋、廊下、屋上など、後ろに転倒した際に障害が残る固さの場合、様々な敷物が必要。幼児が利用する場に、固い床材は不向き。

- [ ] 幼児の衝突事故に配慮する。幼児は空間のアフォーダンスにより、のぼる、走る、くぐる、入り込むなどの行動が誘発される。走りやすい形状の空間に見えにくい段差や出っ張りがあると、ケガが起きやすい。

- [ ] 音の環境に配慮する。ガラスなど硬質素材の割合が高いところや吹き抜けの設計では音が反響し、利用者のストレスが高い。吸音材や吸音する性質の素材などを使用する。

- [ ] 保護者や保育者は、子どもを抱いていたり子どもによって注意をそらされるなどで、足下に注意が向きにくい。室内外の段差は明確に見えるようにして、大人の転倒と骨折を防ぐ。

- [ ] ドアは全開する引き戸がよい。また、親や保育者は子どもを抱き、物を持って開け閉めするため、全開したまま止められる仕組みがあるとよい。

- [ ] 引き戸は子どもの手が引き込まれやすい位置に切り込みを入れ、子どもの手がはさまれないようにする。

- [ ] 出入り口は、子どもの飛び出し事故防止の柵などの仕組みをつくる。

- [ ] 外から中がのぞけるように、ドアには小さな窓があるとよい。

- [ ] ガラス張りで中が丸見えであると落ち着かないため、後で窓にシートを貼ることが多い。開放的すぎる空間は、子育て支援に向かない。

- [ ] 自動ドアは、子どもの手が届かない位置にスイッチをつける。

- [ ] スイッチ・コンセント類は、子どもの手の届かない高さにする。

- [ ] 受付、飲食の空間を想定してから、コンセントを配置する。

- [ ] 入り口と反対側に避難出口をつくる。

- [ ] 地震対策として、家具は天井までの作りつけにするか、腰よりも低い家具とする。蛍光灯にはカバーをつける。

- [ ] 大勢の人がいる場は感染が広がりやすい。換気扇以外に空気の抜け道が必要。換気ができる窓にする。

- [ ] 大人と乳幼児に適した気温は異なるため、温度調整は部屋ごとにできるほうがよい。

- [ ] 乳児を中心とした子育て支援の場の場合、天井は高い天井よりも低い天井が落ち着く。

- [ ] 照明は明るすぎないようにし、相談を引き出す。

- [ ] 乳児はあおむけで過ごす。照明は乳児へ配慮し蛍光灯は避ける。天井にモビール用の金具があるとよい。

- [ ] 色彩に配慮する。子どもの服と玩具・大型遊具は原色が多い。床や壁などが原色と調和する色彩でない場合、原色と調和せず、汚い印象を与える空間になりやすい。

- [ ] 動物やキャラクター、カラフルな色彩が壁や床に組み込まれている空間は、遊びに対する子どもの集中をそぐ。

- [ ] ピクチャーレールがあると、掲示が容易になる。

- [ ] 運動を中心とする開放的な空間は、冬の長い地域などには別途必要。

＊筆者は、多くの子育て支援の場の開設に関わり、全国の子育て支援の場と園を見学し、使いにくい箇所はどこか、改修した箇所はどこか、尋ねてきました。上記は、これらをまとめたものです。

子育て支援の計画づくり

　子育て支援の内容を決めるためには、地域の実情を把握し、それに合った内容を考えることが不可欠です。以下の項目をヒントに支援の計画をつくってみましょう。

1　地域の把握

① 対象とする小学校区・中学校区または市町村に、０１２歳の未就園児童は何名いますか（幼稚園児・保育園児・家庭保育児の割合はどのくらいですか）

② 保育所の待機児童は何名ですか

③ 産業の特徴、住居の特徴はありますか

④ 地域独自の留意する問題がありますか

⑤ 子どもを養育するうえで、今の子育て家庭が抱える課題には何がありますか

2　支援の現状把握

① 市町村で手に入る子育ての情報にはどのようなものがありますか

② 未就園児の主な遊び場はどこですか

③ 当事者の自主的な活動（サークルなど）は、どこでどのようなものがありますか

④ 子ども連れのグループで気軽に活動ができる場所はどこですか

⑤ 子育ての学習支援はどこがどのようなことを行っていますか

⑥ 子育てに関するちょっとしたことを気軽に相談できる場、また深刻な問題を相談できる場はどこにありますか

⑦ 子どもを預けられるところはどこですか

⑧ 家事や自宅への訪問サービスにはどのようなものがありますか

⑨ 障がいのある子どもと保護者にはどのようなサポートがありますか（ピアサポート含む）

⑩ 若年者の出産・育児にはどのようなサポートがありますか

⑪ ひとり保護者家庭が利用できるサービスには何がありますか

⑫ その他どこがどのような支援を行っていますか

3 １と２の現状把握を踏まえ、地域に必要な支援はどのような支援ですか

4 子育て支援プランづくり

① あなたの資源（強み）は何ですか
　　a 自分　b 友人・家族　c その他

② 支援の目的

③ 支援の目標

④ 支援の内容

⑤ 具体的に今からできること

子育て支援が「子育ち」「親育ち」「関係育ち」の機能を果たすためのチェックリスト

【子育ち】

- [ ] 子どもの発達段階に合わせた遊びの素材と道具を準備していますか

- [ ] 子どもが人やものと十分にやりとりできるプログラム内容（ノンプログラム）になっていますか

- [ ] 家庭での子どもの遊びが豊かになるような配慮が行われていますか

- [ ] 活動のなかでいきいきとした子どもの姿を見ることができますか

- [ ] 食事・睡眠・遊びなど子どもを健やかに育てるうえで必要な知識が手に入るように工夫していますか

【親育ち】

- [ ] 親が他の子どもと遊び、子どもの発達や自然な姿を知ることができるように工夫していますか

- [ ] 親が他の親の姿を見聞きし、自然な遊びやしつけの仕方を学ぶことができるように工夫していますか

- [ ] 利用者が、企画や場づくりに関わりをもてるようにして工夫していますか

- [ ] 自分の施設以外の子育て支援情報を提供していますか

- [ ] 利用者は、子どもの成長とともに外遊びへと移行していますか

【関係育ち】

- [ ] 親同士でおしゃべりや交流をもてるように配慮していますか

- [ ] はじめての利用者やひとりの利用者に配慮していますか

- [ ] 知識を一方的に押しつけたり、指導したりしていませんか

- [ ] スタッフは場の中にいて気軽に相談してもらえるよう配慮していますか

- [ ] 「来てくれてうれしい」という気持ちを言葉や態度で伝えていますか

- [ ] 関わりやつながりが生まれるように、環境づくりを工夫していますか

- [ ] どの参加者に対しても同じようにあたたかく接していますか

【その他】

- [ ] 利用者は一部に限られていませんか

- [ ] 広報は支援が必要な人に届くように行っていますか

- [ ] 子どもと親の代弁者になって広く提案を行っていますか

- [ ] 事業を評価し、必要と思われる新しい提案を行っていますか

- [ ] 父親や祖父母、地域の人が子育てに参加できるように工夫していますか

- [ ] スタッフ同士で十分な話し合いを行えていますか

- [ ] 地域のボランティアや地域の人に参加してもらっていますか

もっと知りたい！ 子育て支援Q＆A

玩具は何でもよいのではないですか？

A　市販の玩具はボタンを押すだけ、眺めるだけなど、子ども自身の体験は貧しいものが多いので、それらを揃えると子どもはすぐに飽きて、遊び込むことができません。

　乳幼児の遊びは、玩具や環境によって引き出されます。よい玩具は豊かな遊びを引き出し、豊かな遊びは子どもの豊かな内面を育てます。子どもたちが十分に遊び満足するためにも、親がくつろぐためにも、子どもの遊びが広がる素材や道具を揃える必要があります。

テレビやDVD機器を置かないのですか？

A　子どもたちはテレビなどがなくても、自分で遊びをつくり出す力をもっています。親が、子どもは自分で遊びをつくり出せることに気づくと「四六時中、子どもと遊んであげないといけない」という思い込みから解放され、育児が楽になります。

　またテレビなどの映像メディアは、乳幼児期に長時間視聴させると、言葉の遅れなどを引き起こす可能性が指摘されています。ひろばは子どもの健やかな育ちを支援する場なので、テレビなどの映像メディアは置きません。

コーヒーコーナーや飲食の場は必要ですか？

A　お茶を飲んだり、一緒にお昼を食べたりすることは、知らない人同士がうちとけるきっかけになります。

　また、食事のような生活の場面では、遊びの場面とは違った親子の姿を見ることができます。様々な親子の食事風景は、親にとって生きた育児情報であり、しつけの参考となるでしょう。

食べ歩きにはどのように対応しますか？

A　飲食の空間があると、1〜2歳では必ず食べ歩きをする子どもがいます。
　食べ歩きをする子どもには、スタッフが「座って食べようね」と根気強く言いきかせます。手に食べものがついている子どもを見つけたときにも、保護者に手をふくことをていねいにお願いし、理由も必ず話します。問題はスタッフで解決せず、できるだけ親に返すようにします。

 叱らない親にはどうしていますか？

A　スタッフは、気づいたときには子どもに対して、言いきかせるようにします。他の親たちも、そういうスタッフの姿を見て、自分が気づいたときには、他の子に対しても叱ることが増えるようです。
　叱る基準は人によって違い、ある人が叱らないことでも他の人が叱ることもあります。様々な考え方の人がいて、互いに関わり合うことが、大人にとっても子どもにとってもよいことだと考えています。

 グループができて、はじめての人が
参加しにくいときはありませんか？

A　新しい赤ちゃんの保護者が来るように常に広報する一方で、すでに利用している保護者には外遊びの必要性を伝えると、メンバーの自然な入れ替わりは促進されます。
　また、スタッフが冷たく権威的な場合、排除やいじめが起きやすくなります。スタッフがあたたかく迎えていると、そのようなことは起こりにくいでしょう。

親同士でトラブルが起こることはありませんか？

A　商品の販売や宣伝目的で利用する人もいますので、チラシなどは情報コーナーに掲示してもらい、他の利用者に配ることは断ることができます。それ以外の自然な人間関係のうえで起こるトラブルに対しては、スタッフが介入することはありません。人間が集まるところ、楽しいことも嫌なことも、どちらもついてくるのが自然ではないでしょうか。寄せられた苦情の内容は掲示して、保護者と一緒に解決策を考えていくこともできます。

 親子と接するスタッフに向く人、向かない人がありますか？

A　居心地のよさは、スタッフの資質にかかっています。価値観や生活の違う人に対してもあたたかく受け入れる気持ちがあり、それが雰囲気となって表面に出る人が、親子と接することが望ましいと思います。場所をつくっても人が悪ければ子育て支援の機能を果たすことは難しいでしょう。

　子育て支援には、親子に直接関わるだけでなく、運営や広報や会計など、様々な業務があります。それぞれの強みを生かしてチーム全体で支援を実現できればよいと思います。

 親に対してどんな接し方をすればいいかわからないのですが…。

A　子どもを連れた親同士は、同じ立場であり、誰もが互いの援助者になれます。しかし、スタッフは、ともすれば管理者や指導者になりかねません。スタッフの親切が過剰であったり積極的すぎたりすると、親の主体性を奪い、親同士の交流を妨げてしまいます。保護者との関わり方については、様々な参考資料が出版されていますので、本を参考にスキルアップをはかりましょう。

私は保育の経験も何もないのですが…。

A　乳児期の子育ての悩みは、子育ての先輩や周りの人にちょっと聞けば解決できることがほとんどであると言われています。

　教え好きな人よりも、話をじっくりと聞き、「○○さんはこんなときどうしたの」と、他の人とつなげてくれる人の方が、相手はうれしいかもしれません。

　相手のよいところを見つけて、心からほめることができる人であれば、最高だと思います。

参考資料

●序章　子育て支援の基礎知識

高山静子『今だから地域で子どもを育てよう〜子育ち・子育てトーク報告書』地域ぐるみの子育てをすすめるひだまりの会　2000

高山静子「孤独な子育てから出会いの多い子育てへ」『生活体験学習研究』日本生活体験学習学会誌 vol.2　2002

高山静子「乳児の遊びの不足とそれを補う仕組みづくり」『生活体験学習研究』日本生活体験学習学会誌 vol.4　2004

高山静子「子育ちの支援で親の育児負担と不安感を軽減する」日本子ども家庭福祉学会『子ども家庭福祉学』第4号　2004

高山静子「在宅子育て家庭への支援」『よくわかる家族援助論』ミネルヴァ書房　2007

高山静子「『子どもが育つ環境』としてのまちを見直す」『月刊こども未来』子ども未来財団　2008

子育て支援者コンピテンシー研究会　高山静子、渥美由喜、今井豊彦、汐見和江、武田信子、築地律『子育て支援の基本』こども未来財団　2009

高山静子「地域における子育ての現状と支援の課題」『小児保健研究』vol.71-2 日本小児保健協会　2012

高山静子「乳幼児期の子どもの育ちと子育て支援」「ライデザイン学　2版」誠信書房　2017

斎藤恭平、本名靖、嶋二博嗣、神野宏司、櫻井義夫「ライフデザイン学〔第2版〕」誠信出版　2017

武田信子『社会で子どもを育てる－子育て支援都市トロントの発想』平凡社新書　2002

ビル・リー、マイク・バルクウィル『地域が変わる社会が変わる　実践コミュニティワーク－エクササイズ集』学文社　2005

日本学術会議『我が国の子どもの成育環境の改善に向けて－成育方法の課題と提言』　2011

●1章　地域の親子を支援する「子育てひろば」の環境づくり

NPO 法人 保育の安全研究・教育センター　ホームページ　www.daycaresafety.org/（2018.4.1）

柏木恵子・森ド久美子『子育て広場武蔵野市立0123吉祥寺－地域子育て支援への挑戦』ミネルヴァ書房　1997

子育て支援者コンピテンシー研究会『育つ・つながる子育て支援〜具体的な技術・態度を身につける32のリスト』チャイルド社　2009

高山静子『子育てコミュニティスペース運営マニュアル』地域ぐるみの子育てをすすめるひだまりの会　2000

高山静子『子育てコミュニティスペース運営マニュアル　増補版』地域ぐるみの子育てをすすめるひだまりの会　2002

高山静子「子育ちの支援で親の育児負担と不安感を軽減する」日本子ども家庭福祉学会『子ども家庭福祉学』第4号　2004

高山静子「乳児の遊びの不足とそれを補う仕組みづくり」『生活体験学習研究』日本生活体験学習学会誌 vol.4　2004

高山静子「『親育ち』を支える支援を」『文部科学時報』8月号　文部科学省　2006

高山静子、武田信子、今井豊彦、汐見和江、渥美由喜、築地律、峯村芳樹『子育て支援者のコンピテンシーリスト Ver.2 直接支援者向け』子育て支援者コンピテンシー研究会　2006

高山静子「大学から始まる子育て支援の地域活動－子育て広場『ここみ広場』を開くまで」『子育て支援と心理臨床』vol.4　福村出版　2011

森田ゆり『しつけと体罰－子どもの内なる力を育てる道すじ』童話館出版　2003

●2章　親子関係を支える「一時預かり」の環境づくり

尾木まり『一時預かり事業の手引き』厚生労働省科学研究事業　一時預かり事業のあり方に関する
　調査研究報告書　2009
高山静子『ボランティアのための託児入門』地域ぐるみの子育てをすすめるひだまりの会　1999
高山静子・矢部久美子「子どもを預かる環境づくり」NPO事業サポートセンター（有瀧綾子、加
　藤さよ子、川副孝夫、新澤拓治、杉山千佳、関口香、高山静子、西本則子、原美紀、森田真希、
　矢部久美子、山中龍宏）『子育て支援環境づくり実践ハンドブック』　NPO事業サポートセンター
　2003
高山静子「子育て支援の環境づくり」NPO事業サポートセンター（有瀧綾子、加藤さよ子、川副孝夫、
　新澤拓治、杉山千佳、関口香、高山静子、西本則子、原美紀、森田真希、矢部久美子、山中龍宏）
　『子育て支援環境づくり実践ハンドブック』　NPO事業サポートセンター　2003
高山静子『子育て支援　ひだまり通信』チャイルド社　2010
原田正文『子育ての変貌と次世代育成支援－兵庫レポートにみる子育て現場と子ども虐待予防』
　名古屋大学出版会　2006

●3章　未就園の子どもが育つ遊びの素材と道具

高山静子『ボランティアのための託児入門』地域ぐるみの子育てをすすめるひだまりの会　1999
高山静子『子育てコミュニティスペース運営マニュアル　増補版』地域ぐるみの子育てをすすめ
　るひだまりの会　2002
高山静子『子育て支援　ひだまり通信』チャイルド社　2010
高山静子『環境構成の理論と実践－保育の専門性に基づいて』エイデル研究所　2014
高山静子『学びを支える保育環境づくり－幼稚園・保育園・認定子ども園の環境構成』小学館
　2017

●4章　保育所・幼稚園・認定子ども園で行う環境を通した子育て支援

木村歩美・井上寿『子どもが自ら育つ園庭整備－挑戦も安心も大切にする保育へ』ひとなる書房
　2018
高山静子「保育所・幼稚園における子育て支援」那須信樹編著『家族援助論－保育者に求められ
　る子育て支援』　2006
高山静子「環境を通した保育相談支援」柏女霊峰、橋本真紀『保育相談支援』ミネルヴァ書房
　2011
高山静子、橋本真紀、西村真美、水枝谷奈央、山川美恵子、天野珠路、永野咲「保育相談支援に
　おける環境構成技術の類型化」柏女霊峰「児童福祉施設における保育士の保育相談支援技術の
　体系化に関する研究」日本子ども家庭総合研究所チーム研究　2012

●付録

NPO法人 保育の安全研究・教育センター　ホームページ　www.daycaresafety.org/（2018.4.1）
高山静子『子育てコミュニティスペース運営マニュアル　増補版』地域ぐるみの子育てをすすめ
　るひだまりの会　2002
高山静子・河内浩美「〜地域力を高める循環型ひろばづくりハンドブック〜親子が変わる子育て
　空間」浜松の未来を育てる会　2011

あとがき

　この本は、私がこれまで子育て支援の実践者として作成してきた冊子や、研究報告書などに書いてきたものをもとにまとめたものです。

　今は保育者の養成と研究に携わっていますが、「子育て支援」という言葉がまだない頃に、「育児サポーター」と自分に肩書きをつけ、「なぜ、"ふつう"の親子に支援がいるんですか」と言われながら、保護者とともに、一つまたひとつと、子育てひろばを広げてきました。

　この本の、表紙をはじめ本文の多くの箇所で、浜松市の「ここみ広場」、福岡市の「城南区子どもプラザ」、「わいわい子育てスペースひだまりん」、「宇美町子育て支援センターゆうゆう」の写真を掲載させていただきました。大隅和子さんをはじめ、一緒に子育て支援をつくり、そして今も頑張っている仲間たちを尊敬しています。また、ＮＰＯ法人あそびっこネットワークの中川奈緒美さんには、屋外型のひろばの写真を提供いただきました。子育てひろばは公園へのステップであり、理想は子育て支援公園と考えている私にとって、外遊びを中心としたあそびっこネットワークさんの活動は、とても魅力的です。
　保育園や幼稚園などでの保護者の支援については、魅力的な実践をされている園に写真掲載の許可をいただきました。園の先生方、保護者の皆様に感謝いたします。
　内容の性質上、写真で表現しづらいものについては、中小路ムツヨさんにイラストを描いていただきました。

　最後に、本として形になったのは、エイデル研究所の長谷吉洋さんの根気強さのおかげです。鈴木麻由美さんにもお世話になりました。ありがとうございました。

　どうか、赤ちゃんとその保護者が利用しやすい子育てひろばが増え、子育て支援の活動が、子どもが育ち子育てしやすいまち・社会づくりへと広がっていきますように。

著者

高山 静子 (たかやま しずこ)

東洋大学　福祉社会デザイン学部教授。保育と子育て支援の現場を経験し、平成 20 年より保育者の養成と研究に専念。平成 25 年より東洋大学。教育学博士（九州大学大学院）。研究テーマは、保育者の専門性とその獲得過程。著書に『0～6 歳脳を育む親子の会話レシピ』『子育て支援ひだまり通信』『学びを支える保育環境づくり』（単著）『育つ・つながる子育て支援』（共著）他。

執筆協力

大隅 和子（おもちゃアドバイザー）

取材協力

NPO 法人あそびっこネットワーク、宇美町子育て支援センターゆうゆう、ここみ広場
山東子育て応援団ばあちゃんち、城南区子どもプラザ、くるみの森
わいわい子育てスペースひだまりん
愛恵保育園、あおぞら保育園、あおぞら第二保育園、青葉保育園、掛川こども園、こまつ保育園
たばる愛児園、ときわ保育園、子育てセンターなかぜ、ながかみ保育園、なごみこども園
認定こども園こどものもり、鳩の森愛の詩瀬谷保育園、船堀中央保育園、まちの保育園六本木
杜ちゃいるど園、陽だまりの丘保育園、レイモンド庄中保育園

撮影

青木 遥香、ホリバトシタカ、中川 奈緒美、高山 静子

装幀

野田 和浩

本文デザイン

岡本 弥生（ベラビスタスタジオ）

イラスト

中小路 ムツヨ

編集協力

鈴木 麻由美（こんぺいとぷらねっと）

企画・編集

長谷 吉洋

子育て支援の環境づくり

2018 年 6 月 15 日　第 1 版　第 1 刷発行
2023 年 5 月 15 日　第 1 版　第 3 刷発行

著　者　　高山 静子
発行者　　大塚 孝喜
発行所　　エイデル研究所
　　　　　102-0073　東京都千代田区九段北 4-1-9
　　　　　TEL.03-3234-4641 FAX.03-3234-4644
印刷・製本　中央精版印刷株式会社
ISBN　　　978-4-87168-620-4